刀水歴史全書97

アレクサンドロス大王

ヒュー・ボーデン著／佐藤 昇訳

刀水書房

ALEXANDER THE GREAT

A VERY SHORT INTRODUCTION

by

Hugh Bowden

日本語版への序文

本書日本語版の序文を書かせていただき、大変光栄に思っています。訳者佐藤昇さんとは一三年来の付き合いですが、たまたまアレクサンドロスの治世とピタリ一致しています。この間、私たちはギリシア史について、双方の研究について話しながら、何度となく議論を交わしてきました。本書を日本語に訳し、出版するというのは彼の発案であり、深く感謝しています。

アレクサンドロス大王は、歴史上最も有名な人物の一人です。先に触れましたように、治世はたった一三年だけでしたが、当時、彼がアケメネス朝ペルシア帝国の領域で行った遠征は、東地中海世界および古代近東世界に変化を促した、いわば触媒のようなものでした。しかし、アレクサンドロスについて語られた「物語」は、大王その人よりもはるかに大きな影響力を持って、実に世界の各地に広がっていきました。そうした、あまたあるアレクサンドロス物語の中でも私のお気に入りなのが、日本・韓国合作アニメ『アレクサンダー戦記』（一九九九年）です。これは、アレクサンドロス大王の人生に関する歴史的文書に記されたエピソードのほか、より空想の度合いが強い「アレクサンドロス・ロマンス」の物語、そして全くのＳＦ小説的な要素が一つに混ぜ合わされたものです。現実のアレクサンドロスは、兵たちを率いてギリシアからはるか遠くインダス渓谷、現代のパキスタンにまで到達し、その跡に生じた諸王国はインドの仏教美術の発展にも影響を及ぼしています。しかしその一方で、アレクサンドロスに関する物語はありとあらゆる方面に拡散し、アイスランドからエチオピアにまで広がり、さらに『コーラン』にまで登場しています。

アレクサンドロス大王に関する物語は実に数多く、歴史家にとっては大仕事です。アレクサンドロスに関する現代の書物は、現存する複数の古代の叙述から適宜、選び出し、抜き出して、叙述を行っています（元となっているのは、ローマ帝国時代の歴史家たちが記したギリシア語、ラテン語の作品です）。そしてそれら多くの研究者たちは、たとえば、アレクサンドロスが「大王」と呼ぶにふさわしい人物かどうか判決を下したり、総じて、アレクサンドロスを判定することが重要な作業だと思っているようです。私には、歴史家がこのような仕事をなすべきであるとか、こうした問題がそもそも分析可能であるとはとうてい考えられません。たしかにアレクサンドロスに関する物語は大変面白いのですが、その多くはとても信頼できるものだとは思えません。ですから、アレクサンドロスの人生に関するこの小さな入門書を執筆するにあたって、私は、いったい自信を持って言えるのはどこまでで、どこからは言えないのかということを吟味してみることにしました。しかし、アレクサンドロス研究の力点を変えることもまた視野に入れています。可能な限り、ギリシア・ローマ世界以外から根拠を見いだすことに努めてみました。アレクサンドロスはヨーロッパの歴史よりもアジアの歴史にとってより重要であり、事実、バビロンやエジプト、そして現在のアフガニスタンに当たる地域から重要な文書が発見されています。こうした文書や図像を用い、そのレンズを通してこの人物を検討することで、アレクサンドロスが基本的に「西洋的な」人物であるという考えを回避することにつながるのです。

本書の日本語版を読まれる皆さんが、私の描くアレクサンドロス大王像を楽しんでくださることを期待しています。そしてこれを読んだ日本人研究者の方々が、世界的重要人物に関する研究に対して独自の見通しを持ち込んでくださるようになることを願っています。

二〇一七年七月

ヒュー・ボーデン

訳者による序

史上最大級の武勇を誇る闘神、古代ギリシア・オリエント世界を燎原の火のごとく駆け抜けた若き王、マケドニア王アレクサンドロス三世。この人物、いわゆるアレクサンドロス大王の名は、本書を手に取られた方ならばきっと何処かで耳にされていることだろう（あるいは「アレクサンダー大王」の呼称になじみがある方もおられるかもしれない）。いやそれどころか、アレクサンドロスの血沸き肉躍る冒険譚や、破竹の勢いで連勝を重ねたその武勲について、こと細かにご存知の方もおられるだろう。そう思われる方は、さっそく本編を読み進めていただきたい。コンパクトな入門書ではあるが、最新の研究成果を踏まえ、旧来のアレクサンドロス像に異議を唱えて、その実像を新たに描き出そうと試みている。さらにその人物像が、あるいはそもそも歴史というものがいったいいかにして作られるものなのか、考えを深めるよいきっかけを提供してくれるかもしれない。

アレクサンドロスの名前を耳にしたことはあっても、生涯や事績についてはあまりよく覚えていない、よくは知らないという方のため、本編に入る前に大王の生涯についてごく簡単に概観しておきたい。彼の人生の見取り図をあらかじめ眺めておけば、本編でクローズアップされるそれぞれの話題について、いくらかでも理解が深まることだろう。ただし、一つだけご注意いただきたい。この見取り図は、旅行に行くためのミニガイドブックのようなものである。旅先では、実際の状況がすでに変わっていることも少なくないし、ガイドブックでは分からなかった街の雰囲気や人々の息遣いに気づくこともある。この後に訪問する現場（本編）には、そうした驚き、発見が待っているということを踏まえて、この概観をご利用いただきたい。

アレクサンドロスは、前三五六年、マケドニアの王子としてこの世に生を受けた（ちなみにこの頃、日本はまだ弥生時代。お隣の中国は戦国時代、秦の商鞅《しょうおう》や斉の軍師孫臏《そんぴん》らが活躍した時代に当たる。始皇帝は、およそ一〇〇年後輩になる）。マケドニアは、エーゲ海を南に臨むギリシア地方の北に位置する王国であった。内憂外患に悩まされ、とても強国とは言えなかったこの国を再建し、強国に仕立て上げた人物こそ、アレクサンドロスの父フィリッポス二世である。フィリッポスは攻勢に転じ、むしろ支配圏を一気に拡大し、やがて前三三八年、ギリシア世界に覇を唱えることになる。アレクサンドロスは、成人するまでの間、この精力盛んな王フィリッポスの息子として宮廷内外のさまざまな人々と交流し、マケドニアの「伝統的」文化やギリシア世界の最先端の知識などを吸収しながら成長していった。高名な哲学者、かのアリストテレスが数年にわたり、彼の教育役を務めたというエピソードはよく知られている。いったい、アレクサンドロスはマケドニア宮廷でいかなる人々と関わって、どのような文化を身につけていったのだろうか。

　さて、アレクサンドロスの名を世に知らしめたのは、何と言ってもその軍事指揮官としての手腕と事績であろう。父王フィリッポスの存命中に、アレクサンドロスはすでに将としての才覚を顕していたが、フィリッポス没後、父の武勲をはるかに凌ぐ大帝国を築くこととなる。まず、ギリシアの都市国家テバイがフィリッポス死亡の報を受けて、マケドニア王国に叛旗をひるがえすと、アレクサンドロスはこれを鎮圧し、徹底的に破壊を加えることで、フィリッポスの後継者、覇王アレクサンドロスの名をギリシア世界に鳴り響かせた。ギリシアを掌中に収めたアレクサンドロスは、前三三四年、マケドニア・ギリシアの軍勢を率いて東進し、対岸の小アジア（現在のトルコ共和国）へと渡った。アケメネス朝ペルシア帝国に対する報復を目論んでのことであった。さかのぼることおよそ一世紀半、東の帝国ペルシアは二度にわたりギリシアに進軍し、前四八〇年にはギリシアの都市国家スパルタの精鋭三〇〇人の部隊を打ち倒し、さらには都市国家アテナイをも蹂躙《じゅうりん》して、中心聖域アクロポリスさえも破壊したのだった。アレクサンドロスの東方遠征は、これに対する報復を目標に掲げるものであった。

　父王の時代までに発展を遂げていた最新鋭の軍事技術を受け継ぎ、アレクサンドロスは長槍の重装歩兵部隊と包囲戦用の各種兵器を実戦で巧みに用いながら、破竹の勢いで進軍していった。まず王は、アケメネス朝の部隊と交戦をくり返しながら、エーゲ海沿岸部を南下し、ペルシア帝国支配下にあったギリシア人諸都市を自陣営に取り込み、そこからさらに南進してエジプト入りを果たした。かつてはファラオたちが統治していたエジプトもまた、この時までアケメネス朝の支配下にあったのである。アレクサンドロスがここで新都市アレクサンドリアを建設したこと、アメン神の聖所で格別のお告げ（神託）を得たことなどは、よく知られたエピソードである。アレクサンドロスは東方遠征の途上、アケメネス朝攻略へと軍を進める中で、背後に残るギリシア諸都市やかつてのファラオの民エジプト人たちと、いったいどのような関係を築いていったのだろうか。

まもなくアレクサンドロスは前三三一年、エジプトを発ち、ペルシア帝国中心部へと軍を進めた。迎え撃つペルシア王ダレイオス三世との直接対決をも見事に制して、彼はペルシア帝国にある複数の都に入城し、帝国の支配者として玉座に就いた。アレクサンドロスは程なくして――いかなる考えがあったのか、興味深いところだが――ペルシア風の装束や儀礼などを採用して、王として振る舞い始めたという。翌年、未だ生きながらえていたダレイオスを討つべく、軍はさらに東方へと進められた。このダレイオスが部下の手により暗殺されると、アレクサンドロスはさらに中央アジア、アフガニスタン地方そして南東のパキスタンへと進軍し、現地の諸部族を辛くも制してこの地域に支配権を確立していった（伝承では、アレクサンドロスの傲慢さや奇妙な行動が、この東方遠征を通じて増していった様子も伝えられている）。やがて、それまで勢力旺盛に東進を続けていたアレクサンドロスの軍も、ついにその足を止めることとなる。遠征の狙いはそもそも何処にあったのか。この問題は今はさておくとして、アレクサンドロスはそこからインダス渓谷を南下してインド洋へと進み（途中、のちのインド・マウリヤ朝の王チャンドラグプタと接触したとも伝えられる）、そこから陸路は苦難のうちにゲドロシア砂漠を越えて、旧ペルシア帝国の中心部へと帰還していった。一〇年に及ぶ遠征は幕を閉じ、前三二三年、アレクサンドロスはバビロン（ペルシア帝国の都の一つ）に帰還すると、そこで自らの人生の最期をも迎えることとなった。

アレクサンドロスの生涯はおよそこのように描くことができる。それでは、さっそく本編に飛び込んでいただきたい、と言いたいところではあるが、しかし旅のガイドブックに倣ってもう少しだけ、現地訪問の（つまり、本編を読む）際の注意点を付け加えておきたい。そもそも、上で示したような概観はいったいいかにして描けるのであろうか。答えは、無論、史料が残されているからである。研究者たちは史料に基づいて分析を行い、そこからアレクサンドロスとその歴史について像を描き出している。しかし、アレクサンドロスを研究する者たちが皆口を揃えて言うように、主史料とされる作品を著した五人の知識人（ディオドロス、プルタルコス、クルティウス、アッリアノス、ユスティヌス）はいずれもアレクサンドロスの死から数百年後の世界、ローマ帝国の時代に生きた人々である。遠く離れた時代のことならば誤解・曲解もあろう。また彼らの記述は相互に食い違いもある。それゆえに彼らの記述を無批判に信じることはできない。いや、そもそも何事につけ素朴に信じてよい史料などあるのだろうか。先に挙げた五人もまた、基本的には先行するギリシア語史料に依拠しているはずだが、それら大本となる史料を記述した者たちとて、事実を素朴に、大局的なあるいは公平な視点から記したとは限らない。まして稀代の英雄アレクサンドロスのことである。著者たちそれぞれが置かれた立場、あるいは関心の寄せ方によって、この英雄の魅力を、あるいは時にその悪弊を最大限に伝えようと筆を振るい、事実を針小棒大に記述したり、あるいは伝説、神話的エピソードを書き加えることすら辞さなかったかもしれない。

そうすると、できうる限り事実に近づくには、同時代の状況を複数の視点から多角的に眺め、一つ一つの事象を丁寧に、そして論理的に分析し、それらの仮説的な「事実」を積み上げていくより他に手はない。加えて五作品以外の、アレクサンドロスとほぼ同時代の史料群、とりわけ碑文史料や考古遺物、さらに他言語（ギリシア語以外）で記された史料なども、状況によって大変貴重な情報源となる（情報豊かな五作品が主史料であることに変わりはないのだけれども）。本書は、このような史料のありようを意識し、いわば歴史学の手の内を明らかにしつつ、実際のアレクサンドロスとはいかなる存在であったのか、彼がいかなる現実世界に生きていたのかについて、著者なりの見取り図を提示したものである。

では私たちの方は、果たしてこの著者の見取り図を素朴に信じてよいものだろうか。その点は、関心を持った読者の皆さんにも、ぜひご自身でご検討いただきたい。幸い主史料となる五作品はすべて日本語に翻訳されており、さらに本書の巻末には関係する碑文、粘土板文書の翻訳も付け加えておいた。著者が分析の根拠とした史料群は、それぞれの箇所に明示してある。そこから関連する史料をひもとき、自らアレクサンドロス像、歴史像を作る楽しみを経験して、本書を二重にも三重にもアクティヴに利用していただければ幸いである。

佐藤　昇

刀水歴史全書97　アレクサンドロス大王　目次

装丁　的井　圭

謝辞

本書執筆のきっかけとなったのは、長年にわたりロンドン大学キングスカレッジ古典学部において学生たちにアレクサンドロス大王に関して授業を行ってきたことにある。私の方が学生から学んだことも多く、彼らもその成果を分かってくれることだろう。当該の授業は、たいていリンゼイ・アレン博士と共同で担当している。近東の史料が持つ重要性に私の目を開かせてくれた彼女にはことのほか感謝しており、キングスの同僚たちにもまた感謝している。

また、学会や講演などの機会にアレクサンドロスについて議論を交わした、シュロチャナ・アシルヴァサム、エリザベス・ベイナム、フィリプ・ボスマン、ピーター・グリーン、ヴァルデマー・ヘッケル、ティム・ハウ、ロビン・レイン・フォクス、ザビネ・ミューラー、ダニエル・オグデン、フランシス・パウナル、ジョゼフ・ロイズマン、アンドリュー・ステュウォート、リチャード・ストーンマン、パット・ウィートリー、ジョゼフ・ヴィーゼヘーファー、そしてイアン・ワーシントンら、世界中の研究者仲間たちからも多くのことを学んだ。

また、本書の大半は、シンシナティ大学古典学部においてマーゴット・タイトゥス・フェローであった時期に執筆したものである。同学部およびスタッフ一同の惜しみない振る舞いと歓迎の姿勢に深謝している。

また本書出版に関わったオックスフォード大学出版局の関係者、キャロル・カーネギー、ケイ・クレメント、キャリー・ヒックマン、アンドレア・キーガン、エマ・マー、ジョイ・メラー、サブラマニアム・ヴェンカタクリシュナンら、すべての人々に感謝している。

最後に、いつものように、家族、妻のジルと娘たちの支えがあったことを記しておきたい。本書を彼女たちに捧げる。

年表　アレクサンドロスの生涯

年代についての注意　クロノロジーに関する情報は、現在に伝わる、アレクサンドロスに関する古代の叙述から得られるが、それらは必ずしも正確ではない。バビロン天文日誌に記された出来事に関しては正確な日付を特定できるが、ギリシアの著作家たちが記したものに関しては、たとえ正確な日付を伝えていたとしても、およその数字を示すより他に手はない。それは、ギリシアおよびマケドニアの暦が一年三六五日で動いておらず、太陽暦の暦とはしばしばずれるためである。したがって、ここでは大半のものを季節ごとに提示するが、それすらおおよそのものであると考えていただきたい。

紀元前

三五六年夏	アレクサンドロス誕生
三三八年夏	カイロネイアの戦い
三三七年春	「コリントス同盟」創設
三三六年春	パルメニオン麾下のマケドニア軍がアジアに渡る
	フィリッポス二世暗殺／アレクサンドロス登極
三三五年春	アレクサンドロス、トラキアおよびイリュリア遠征
秋	テバイ包囲
三三四年春	アレクサンドロス、ヘッレスポントスを渡りアジアへ
	アレクサンドロス、トロイアに
	グラニコス河畔の戦い
夏	アレクサンドロス、アジアのギリシア諸都市を解放
秋	アレクサンドロス、カリア地方に到達
冬	アレクサンドロス、リュキア地方に到達

三三三年春	アレクサンドロス、ゴルディオンに到達
夏	アレクサンドロス、キリキア地方に到達
秋	イッソスの戦い
冬	テュロス包囲戦開始
三三二年夏	テュロス包囲戦終結
秋	ガザの戦い
冬	アレクサンドロス、エジプト入り
三三一年春	アレクサンドロス、シーウァでアメンの神託を受ける
	アレクサンドロス、エジプトからテュロス、ユーフラテスへと進軍
10月1日	ガウガメラの戦い
10月20日	アレクサンドロス、バビロン入市
冬	アレクサンドロス、スサ入市
三三〇年春	アレクサンドロス、ペルセポリス入市
	アレクサンドロス、ペルセポリスの宮殿を灰燼に
夏	ダレイオス三世没。ベッソス、アルタクセルクセス五世として王位主張
秋	フィロタスの裁判および処刑、パルメニオン処刑
三二九年春	アレクサンドロス、バクトリアおよびソグディアナ入り
	ベッソス捕縛
秋	アレクサンドロス、ヤクサルテス渡河
三二八年秋	クレイトス殺害
三二七年春	アレクサンドロス、ソグディアナの岩砦征服

		アレクサンドロス、ロクサネと結婚
		「小姓たちの陰謀」、カリステネス捕縛
	夏	アレクサンドロス、ヒンドゥクシュ山脈入り
三二六年	春	アレクサンドロス、アオルノスの岩征服
		アレクサンドロス、インダス渡河
		アレクサンドロス、ポロスをヒュダスペス河畔で破る
	夏	アレクサンドロス、ヒュファシス川到達、インダス川に戻る
	冬	アレクサンドロス、マッロス族との戦闘中に負傷
三二五年	夏	アレクサンドロス、インダス・デルタ到着
	秋	アレクサンドロス、ゲドロシア砂漠行軍
	冬	アレクサンドロス、パサルガダエおよびペルセポリスに帰還
三二四年	春	アレクサンドロス、スサ到着。兵士たちにインド遠征従軍に対する褒賞授与
		アレクサンドロス、集団結婚の一部として、自らスタテイラおよびパリュサティスと結婚
		アレクサンドロス、不在中に職権濫用を犯した太守たちを処罰
	夏	アレクサンドロス、部隊再編
		アレクサンドロス、ギリシア人亡命者帰還王令発布
	秋	ヘファイスティオン没
	冬	アレクサンドロス、コッサイア人に対する軍事遠征
三二三年	春	アレクサンドロス、バビロン入り
	6月11日	アレクサンドロス没

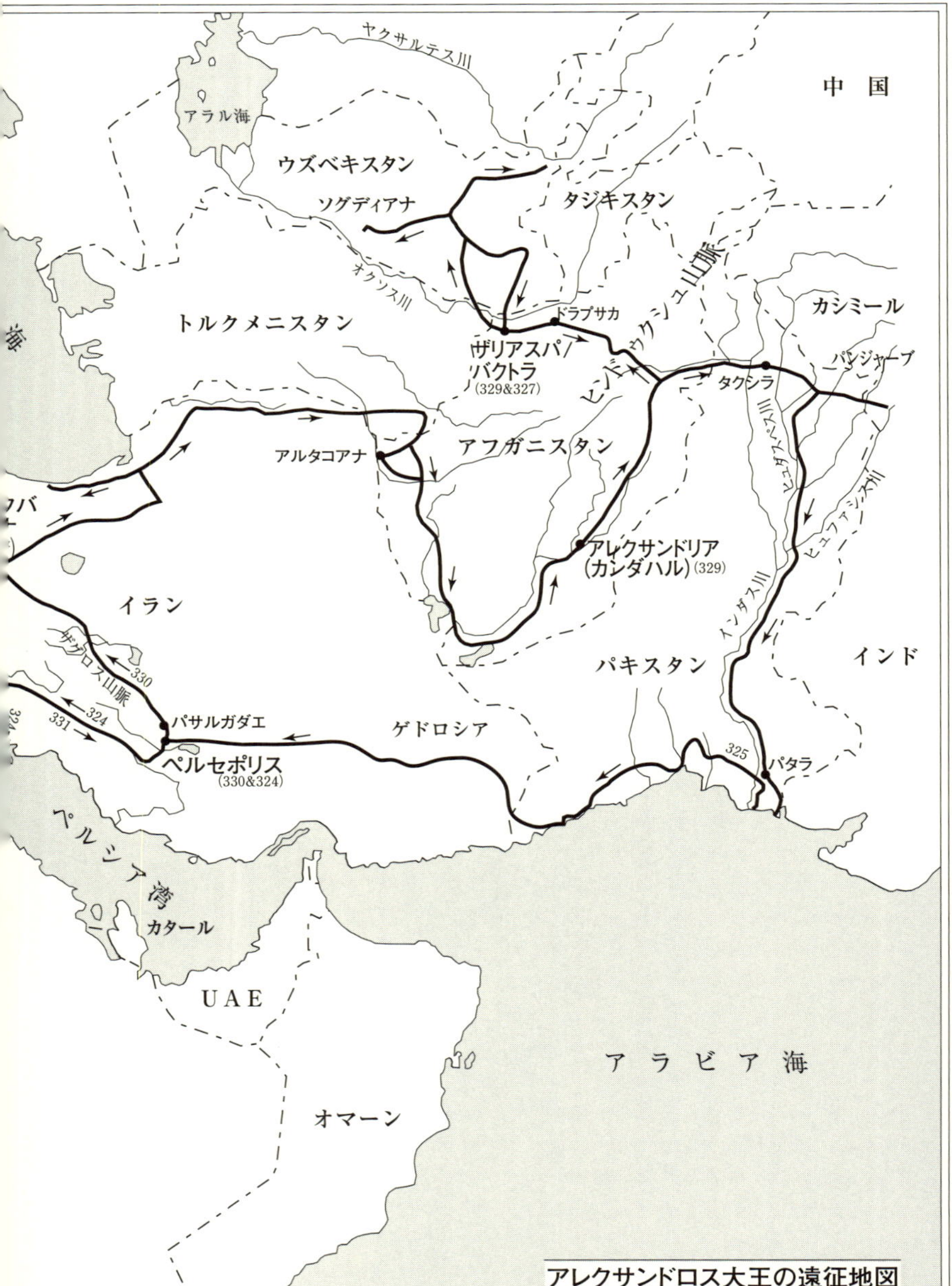

アレクサンドロス大王の遠征地図

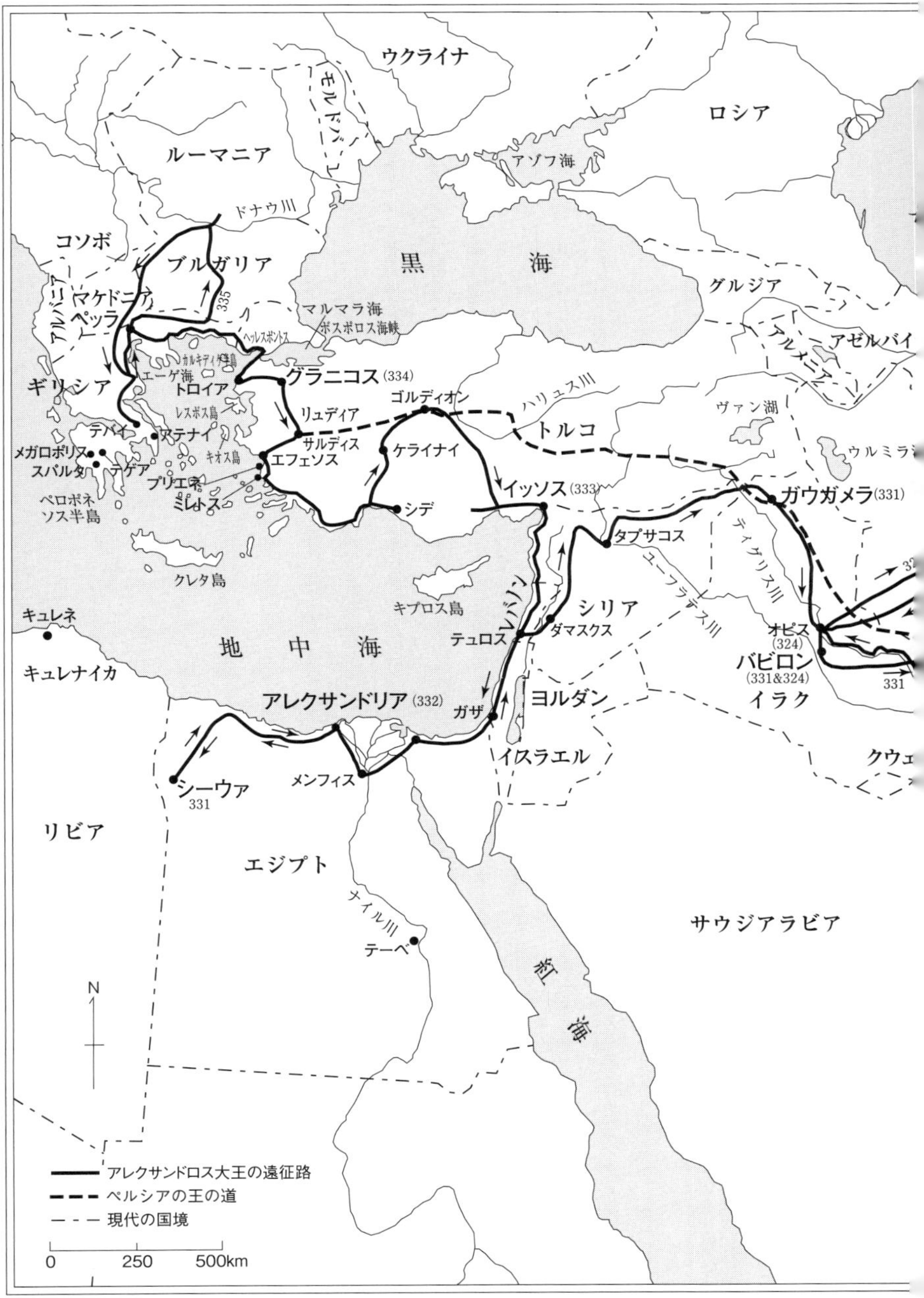

ウクライナ
モルドバ
ロシア
ルーマニア
アゾフ海
ドナウ川
コソボ
ブルガリア
黒　海
アルバニア
マケドニア
ペッラ
335
マルマラ海
ボスポロス海峡
ヘッレスポントス
グルジア
アルメニア
アゼルバイ
カルキディケ半島
エーゲ海
ギリシア
トロイア
グラニコス (334)
ゴルディオン
ハリュス川
ヴァン湖
リュディア
テバイ
アテナイ
サルディス
トルコ
ウルミラ湖
レスボス島
メガロポリス
スパルタ
テゲア
キオス島
エフェソス
ケライナイ
プリエネ
ミレトス
イッソス (333)
ガウガメラ (331)
ペロポネソス半島
シデ
タプサコス
クレタ島
ユーフラテス川
ティグリス川
レバノン
キプロス島
シリア
キュレネ
ダマスクス
オピス (324)
テュロス
地　中　海
バビロン (331&324)
キュレナイカ
アレクサンドリア (332)
ガザ
ヨルダン
イラク
331
イスラエル
メンフィス
クウェ
シーウァ 331
リビア
エジプト
ナイル川
サウジアラビア
テーベ
紅　海
N
アレクサンドロス大王の遠征路
ペルシアの王の道
現代の国境
0　250　500km

アレクサンドロス大王

図1　アレクサンドロス・モザイク　アレクサンドロス大王に対するイタリア的な見方の一つ。これ以前に制作されたギリシアの絵画に基づき，イッソスの戦い，あるいはことによるとガウガメラの戦いにおけるアレクサンドロスの勝利を描いている

はじめに　アレクサンドロス・モザイクと「アレクサンドロスの歴史家たち」

ナポリ国立考古学博物館の中二階に、戦闘シーンが描かれた、一枚の大きなモザイクが展示されている（図1）。画面左手、損傷が激しいものの、兜を被らず、馬を駆る人物、アレクサンドロスの姿はすぐに見つかる。じろりと見据える視線の先には、ダレイオス三世。数多の軍馬、兵士の中で頭一つ抜きん出ているこの人物は、戦車の上に立ち上がり、明らかに警戒しながらアレクサンドロスを見つめている。ダレイオスのすぐ後ろでは、目前に迫る危険から王を遠ざけようと、馭者《ぎょしゃ》が馬に鞭を振るっている。アレクサンドロスは、今まさに自らの槍で、自分とダレイオスの間に立つ最後のペルシア騎兵を貫いたところだ。背景に目を転ずれば、マケドニア兵が掲げる無数の槍が天空を突き刺している。前景には、打ち棄てられた武器が散乱し、ペルシア兵が斃《たお》れている。マケドニアの勝利は揺るがない。このモザイクは、横がおよそ六メートル、縦は三メートルを越えるほどで、紀元前一〇〇年よりいくらか前に制作されたものである。依頼主はイタリアの古代都市ポンペイにある、通称「ファウヌスの家」と呼ばれる邸宅の主である。この家屋はポンペイでも最大級のもので、おそらくイタリアの有力貴族によって建てられたものと思われる。当該のモザイクは、邸宅の中でも最も目立つ場所、エクセドラ（出迎えの間）の床面を占めていた。この邸を訪ねる客人は誰もが、この場所でこのモザイクを目にしていたことになる。邸の主が、英雄的な戦士王としてのアレクサンドロスのイメージと、自分自身を結びつけることに何かしら利益があると考えていたことは明白である。

アレクサンドロス大王は、前三五六年生まれ。マケドニア王に在位していたのは、前三三六年から没年前三二三年までのことである。彼は王として軍を率い、アケメネス朝ペルシア帝国の領域に進攻して、広大な領域を支配下に収めた。現代のギリシア、ブルガリアの一部、トルコ、シリア、レバノン、イスラエル、パレスティナ、ヨルダン、エジプト、リビアの一部、イラク、イラン、アフガニスタン、ウズベキスタンおよびタジキスタンの一部、そしてパキスタンの大半の地域にまで及ぶ。彼の遠征にまつわる物語は、死後、くり返し、途切れることなく語られ続けた。生前から今日に至るまで、ヨーロッパおよび中東に至る広範な地域において、アレクサンドロスは、人々の想像の中から一度たりとも姿を消したことがなく、この点において古典古代〔古代ギリシア・ローマ〕の人物の中でも、およそ例外的である。したがって、没後二世紀ほどたった時期にイタリアで美術作品の主題になっていても、驚くようなことではない。しかし、このモザイクについていくつかの疑問を呈してみることは、アレクサンドロス本人について考える際、そして私たちが彼について本当に知っていることは何なのか、考えてみるための手助けになるだろう。そうしてアレクサンドロスが、むしろ思った以上に謎めいた人物であることが分かることであろう。

それでは、アレクサンドロス・モザイクとは何なのだろうか。いったい、何を表しているのだろうか。モザイクそのものが、前一二〇年から前一〇〇年の間のいずれかの時点で作成されたことは広く認められている。しかし多くの研究者たちが、これは模倣作品《コピー》だと主張している。手本となったのはギリシアの絵画で、おそらく紀元前四世紀末葉、主題となっている戦闘が起こってからさほど経たないうちに作成されたのだろうというのである。では、その元の絵の方は、誰の作品なのだろうか。名前が知られている古代の画家のうち、エレトリアの画家フィロクセノスなのか、アレクサンドリアの女流画家ヘレネなのか、あるいは他の誰かなのか、同定の試みがくり返し続けられている。しかし、古代の特定の画家の作品であると確実に同定できる作品は、一つとして現存していないため、このように同定してみても、成果はあまり得られない。またこのモザイクが、どの戦いを描いているのかに関しても議論がある。アレクサンドロスは、イッソスの戦い（前三三三年）とガウガメラの戦い（前三三一年）の二度にわたってダレイオスと相まみえている。大半の研究者がイッソスの戦いを支持しているが、この点も確実には証明できない。そもそも戦闘を正確に描いたものなのだろうか。それとも大半が、芸術的な想像の産物なのだろうか。それから、ここに描かれた他の人物はどうなのだろう。アレクサンドロス本人のすぐ左側に見える、黄金の葉飾りが施された特徴的な白い兜を被った人物は、誰なのだろうか。大王付きの予言者、テルメッソスのアリスタンドロスだろうか。あるいは側近の一人で、やがてエジプトの支配者になる、プトレマイオスなのだろうか。彼が、モザイクの元となる絵画を発注したのだろうか。しかしながら、アレクサンドロス・モザイクを、ギリシアで作られた原画を模した単なる「ローマ時代のコピー」とみなして、さらにモザイクに描かれている図像を、あたかも前四世紀の絵画そのものであるかのごとくに扱う姿勢には、疑念も示されている。もっともなことである。私たちが手にしているのは、イタリアの作品であり、前二世紀末にポンペイで作成された、そのときの歴史的文脈に注意を向けなければならない。発注者にとって、あるいは制作者にとって、この絵にはいかなる意味があったのだろうか。それに、ファウヌスの家を訪れ、モザイクを目にした男女にとっては、いったいどのような意味があったのだろうか。こうした問題に答えることは容易ではない。しかし少なくともこれらは、私たちが現在手にしている作品そのものに関する問いであり、想像上のオリジナル絵画に対するものではない。

こうした問題関心は、アレクサンドロスの人生の一コマを表現した芸術作品を扱うにあたって、さして重要とは思われないかもしれない。しかしアレクサンドロスの生涯を伝える文献史料についても、ほぼ同じような疑問を呈することができる。アレクサンドロスの生涯と功業を叙述した作品のうち、現存するものは、紀元前三〇年から後二世紀または三世紀に制作されたものである。現代にまで伝わる叙述の中で最も古いものは、シケリアのディオドロスの作品である。彼は四〇巻に及ぶ大著『歴史叢書』を制作し、神話の時代から始め、ユリウス・カエサルの死までを扱っている。この作品は、相当部分が失われているものの、アレクサンドロスを主に扱った一七巻は、大半が現在まで伝わっている。次いで、ローマ人クィントゥス・クルティウス・ルフスによる『アレクサンドロス大王伝』。これは後一世紀、クラウディウス帝、もしくはウェスパシアヌス帝の治世に著されたものである。そして、ギリシア人、カイロネイア市のプルタルコスによって後一〇〇年頃に記された『アレクサンドロス伝』。それから別のギリシア人、ニコメデイア市のアッリアノス（彼はローマ皇帝ハドリアヌスの友人でもあった）が、後二世紀の前半に記した、『アレクサンドロス東征記』。最後に、こののち何れかの時点で記された、別のローマ人著作家、ユスティヌスによる作品。これは、ディオドロスの同時代人ポンペイウス・トログスの『フィリッポス史』（邦訳『地中海世界史』）の縮約版であり、アレクサンドロスの治世についての叙述を含んでいる。これらの著作家はまとめて「アレクサンドロスの歴史家」と呼ばれている。これらの叙述は明らかに、直接的にであれ、間接的にであれ、アレクサンドロスの死後数十年のうちに記されたいくつかの作品に基づいている。元になった作品の中には、アレクサンドロスの遠征に従軍した人物が記したものまである。しかし現存する作品を制作した者たちが、どれだけ忠実に読んだままの文章を写し取っているのか、定かではない。明らかなのは、現存する作品が大なり小なり執筆当時の読者に訴えるように構成されていたということである。この読者たちが生きていたのは、ローマ皇帝が権力を握り、君臨する世界であった。彼らにしてみれば、アレクサンドロスはあるべき支配の方法、あるいはあってはならない支配の方法を示す「鑑」として機能していたのかも知れない。叙述史料の中のアレクサンドロスは、根本的に「ローマのアレクサンドロス」なのである。

たしかにアレクサンドロス・モザイクの場合と同じく、アレクサンドロスの経歴に関する叙述には、彼が生きていた時代にまでさかのぼる素材も多分に含まれているのかも知れない。しかしながら、私たちが現在手にしているのは、その断片に過ぎないし、また全体として、数世紀後の人々の作品を通じて伝えられたものに過ぎない。これら後代の著作家たちは、新しい文学的技巧や時代ごとの趣味嗜好に応じて、元の素材を変形させていった。こうした叙述群をいかにしてうまく解釈したらよいのか、その方策を見つけ出すのは、アレクサンドロスの生涯や遠征の物語について語ろうとする者ならば、誰もが直面する大仕事である。たとえば、アレクサンドロスの作家たちはそこかしこで、同一の事件について相互に相対立する伝承を記している。それどころか、アッリアノスによれば、目撃証言ですらときに相矛盾することがあるという〔1巻序文〕。他方、同じ物語が複数の異なる叙述の中に認められるからと言って、それが事実であるという確証もない。アレクサンドロスに関する物語には、彼の生前、あるいは没後いくらも経たないうちに創作された〔ため、複数の文献に収録されることになった〕ものがいくつもある。たとえば、アレクサンドロスが神話上のアマゾン族の女王と出逢い、枕を交わしたというような物語は、すぐさま伝承の一部を形成することとなった。また最初期の著作家たちには見いだされないような物語であっても、いつの間にか創作されて、それがあまりに人気を博したために、それ以降の著作家たちには無視することができなくなってしまったというような場合もあった。アレクサンドロスの歴史家たちがどのような情報源を利用していたのかについては、数十年にもわたって研究が続けられているが

（しばしばドイツ語でクヴェレンフォーシュングと呼ばれる）、今なお、彼らの記述がどれほど信頼できるのか、確定するための確実な方法は（本当にあるとして）見つかっていないのである。

しかしながら、古代に実際に起こった可能性の高いものは何なのか、逆に、可能性の低いものは何なのか、こうしたことを見定めてゆくというのであれば、いくらか進展する可能性はある。アレクサンドロスを取り巻く世界について、より全体的な像を構築してみるのである。そして、そのためにはもっと物質的な史料に目を向ける必要がある。たとえば、大英博物館の古代イラン展示室に陳列されている一つのケースには、灰色がかった焼成粘土板の小断片が展示されている。幅は四～五センチ、高さは六センチ程度。楔形文字が数行にわたってきちっと刻まれている（図2）。この断片は、アッカド語で刻まれたバビロニア天文日誌の一部であり、王の治世一四年目の第二月について言及がある。断片の下の方は、次のように読める。「二九［日］、王崩御。雲が空…。」この日付は前三二三年六月一一日に相当し、王はアレクサンドロス大王ということになる。この小さな土塊は、アレクサンドロスとほぼ同時代の史料であり、モザイクに描かれたアレクサンドロスとは全く別物である。こうした天文

図２　バビュロン天文日誌の一断片
アレクサンドロスの治世14年目第2月の出来事を，王の死も含めて記録している

日誌のテクストは、現在、前六五二年から前六〇年までのものが確認されている。毎夜、バビロン王宮では屋上に立って、天空観察が行われていた。曇天でなければ、惑星の位置や、その他、彗星や日蝕・月蝕といった、例外的な現象が書き留められた。こうした観察は、その後日誌に記録され、一月の観察が終わると、そのあとに基本商品の市場価格に関する報告、さらにそれまでに起こった重要な出来事についてのコメントが記された。このような観察を行う目的は、都市バビロンに対して、そして何より王その人に対して、神々がいかなる態度でいるのか、確定することにあった。すなわち、王が危険に直面するという予兆が天空に現れれば、王を保護するための措置を取ることができるというわけである。アレクサンドロスが初めてバビロンに入市したのは、前三三一年一〇月二〇日。このとき、彼が新王に承認されたことはほぼ間違いがない。彼は、前三二三年春に同市に帰還すると、数か月後、この地で死亡した。アレクサンドロスがバビロン周辺で活動している間、バビロンの学者＝神官たちは、全体として王の安寧に注目しており、王の行動は王の年代記やその他の文書群に記録された。すなわち、「ローマのアレクサンドロス」よろしく、「バビロンのアレクサンドロス」もいたのである。

アレクサンドロスに対する見方は、さらに別のところにも見出される。硬貨である。アレクサンドロスの死後、帝国の各地域を支配下に収めた者たちが硬貨を発行した。アレクサンドロス本人は、自分の肖像を刻んだ硬貨をいっさい発行せず、代わりにマケドニアの伝統的慣習を採用し、英雄ヘラクレスの頭部を自らが発行する銀貨に刻ませた。これに対して後継者たちは、発行する硬貨にアレクサンドロス

図３　アレクサンドロスの後継者，リュシマコスが発行した銀貨　アレクサンドロスが，エジプトのアメン神の象徴，雄羊の角を伴って描かれている

の肖像を刻み始め、慣習化していった。ここから分かるのは、いくらか後の時代のファウヌスの家の主と同じように、彼ら後継者たちも、アレクサンドロスとの結びつきが自分たちにとって有益であるとみなしていたということである。しかしこれらの硬貨に刻まれたアレクサンドロスは、普通とは異なる持物（アトリビュート）とともに描かれている。耳の脇に羊の角を生やした姿で描かれたものもある（図3）。この角はエジプトのアメン神の象徴である。アレクサンドロスは、テーベ（エジプト）のアメン神殿を再建したことがあり、またリビア砂漠のシーウァ・オアシスにあるアメン（アンモン）神の神託所にも、前三三一年春に足を運んでいる。アレクサンドロスの歴史家たちによれば、アレクサンドロスはこの訪問ののち、自らがアメン神（あるいは、アメンと同一視されるゼウス神）の息子であると主張し始め、やがてこうした主張が原因となり、アレクサンドロスは側近・朋友や兵士たちの反感を招くことになったという。現代の研究者はたいていこの考えを受け入れている。しかし、硬貨から分かるように、そうした側

近・朋友たちの中には、実際のところ、むしろアレクサンドロスとアメンの関係を自ら宣伝しようとする者たちもいたのである。もちろんアレクサンドロスが亡くなったのちに、態度を変えた可能性も考えられる。しかし、これら前四世紀以降に発行されている硬貨の方が、数百年後に記された歴史叙述よりも、より真実に近い物語を語っている可能性も十分に考えられる。

他にも、アレクサンドロスが同時代、あるいはほぼ同時代の人々からどのように見られていたのかについて、よりよい全体像を描くのに役立つものがいくつかある。ギリシア諸都市は、アレクサンドロスが下した決定のうち、自分たちに関わるものを碑に刻み、設置していた。またアテナイの弁論家たちは、現存する弁論の中で彼の活動に言及している。さらにアレクサンドロスの名前とファラオの姿をした図像も、神殿の壁に刻まれている。上エジプトにある、アレクサンドロスの名で再建事業が行われた神殿でのことである。他にもまだ同時代の記録や遺物があり、たとえそこに名前が示されておらずとも、そこからアレクサンドロスが活動していた世界の全体像に近づくことができる。

アレクサンドロスの歴史家たちによる歴史叙述を無視することはないものの、本書『アレクサンドロス大王』は、こうした同時代の記録に従来以上に重みを与え、さらに私たちが何を知っているのかと同じくらい、何を知らないのかということを示してみたい。おおむね時代順に構成してはいるが、アレクサンドロスの人生と彼の遠征について、単純な叙述を提供するつもりはない。偶然にも、著作家プルタルコスの『アレクサンドロス伝』は、本書と同じくらいの長さである。同書は、アレクサンドロスの王としての活動と同様に、幼少期についても（必ずしも信憑性があるわけではないが）述べている、古代でも唯一の作品であり、本書と併せて読むのにちょうどよいだろう。しかしながら、本書に付した年表、そしてアレクサンドロスの行程を示す地図（地図1）があれば、十分、読者は迷子にならずにすむだろう。次章「アレクサンドロス以前」では、アケメネス朝ペルシア帝国とマケドニア王国の歴史について、両者が対峙するに至るまでの様子を略述する。最終章では、アレクサンドロスの記憶が、いかにして彼の死後二〇〇〇年にわたってこの世界から消え去ることがなかったのかについて探ってゆく。そしてその間の章では、アレクサンドロスをアレクサンドロスが生きた世界の中で、すなわちギリシアとマケドニアだけではなく、古代近東を構成する諸地域全体の中で検討してゆくこととする。

第一章　アレクサンドロス以前

アレクサンドロスが生まれたのは、いったいどのような世界だったのだろうか。本章は、アレクサンドロス大王の歴史を語る上で必要な、いわば「舞台設定」の紹介に当たる。やがて大王が活躍することになる世界は、そもそも政治的に、あるいは文化的にどのような状況にあったのだろうか。次章以下で、大王のその後の行動についてバランスよく考えてゆくために、まずは彼が登場するまでの歴史的な環境、政治や文化の状況をおよそ摑んでおきたい。

本章では、二つの視点から世界の様子を眺めてゆく。一つはアレクサンドロスが誕生したマケドニア王国。もう一つは、彼がやがて滅ぼすことになる東の大帝国アケメネス朝ペルシアである。アケメネス朝ペルシアは、イラン高原から始まった君主政の国で、アフラ・マズダの神を信仰していた。周辺地域に積極的に軍事活動をくり広げたこの国は、前六世紀には全オリエント世界を支配下に収め、前五〜前四世紀にはギリシアやマケドニアなどエーゲ海周辺地域にも絶大な影響力をもった。前五世紀初頭に行ったギリシアへの一大進攻、いわゆる「ペルシア戦争」に際しては、都市国家アテナイのアクロポリスを破壊するなど甚大な被害をもたらした。このとき、ギリシア征服には失敗したものの、ペルシア王はその後も財力と軍事力を頼みにエーゲ海世界に関わり続けた。他方、イランから小アジア、エジプトに広がる帝国領内部については、王が中心となり、各地域には太守を置き、広範な地域を巧みに統治していった。

アレクサンドロスの母国マケドニア王国は、バルカン半島北部にあって、古代ギリシア世界では北方の周辺地域に位置していた。古来、この弱小王国は周辺諸勢力に翻弄され続け、前五世紀初めにはペルシア帝国の支配下にあった。ペルシアの直接支配が外れたのちも、隣接地域に暮らすイリュリア人などにより圧迫され続けた。歴代の王が苦心する中、状況が大きく変化したのは、アレクサンドロスの父フィリッポス二世の治世であった。周辺諸国を圧倒し、南方のギリシア世界にも強い影響力を及ぼすようになった。改革を通じて高めた軍事力、積極的な軍事活動がたしかに大きな効果を発揮した。しかし周辺諸国との政略結婚、同盟関係の締結、ギリシア文化の利用など、巧みな外交戦略が功を奏した部分も少なくなかった。この結果、フィリッポス二世は、前三三八年のカイロネイアの戦いを通じてスパルタを除く全ギリシアを支配下に収めることになる。フィリッポスの次なる目標はペルシア遠征であった。 ［訳者］

前五一三年頃、ペルシア王ダレイオス一世（前五二二年～前四八六年）は、黒海とマルマラ海をつなぐ海峡、ボスポロスに大きな橋をかけ、アジアからヨーロッパへと軍を進めた。翌年、ダレイオス自身はふたたび海峡を越えてアジアに帰還したが、代わりにメガバゾスを指揮官として残し、彼にエーゲ海北岸地域の征服を委ねた。ペルシアに服従し、その証として土と水を献上した現地支配者の一人に、マケドニア人アミュンタスがいた。彼にはマケドニア地方太守《サトラペス》の地位が与えられた。すなわち、マケドニアは今やアケメネス朝ペルシア帝国の一地域となり、アミュンタスはその知事になったのである。彼は、愛娘ギュガイエをブバレスというペルシア人有力者に嫁がせた。前四九五年頃、アミュンタスが没すると、その地位は息子のアレクサンドロス一世に受け継がれた。彼は、ダレイオス、そして彼の息子であり、後継者であるクセルクセスに対して、忠実な臣下であり続けた。このようにしてペルシア帝国は自ら、一八〇年ののち、自身の帝国を崩壊させることになる一族の権力を確立したのである。アレクサンドロス一世の来孫〔孫の子の子の子〕こそアレクサンドロス三世、世にアレクサンドロス大王として知られる人物である。

アケメネス朝ペルシアの興隆

アケメネス朝ペルシア帝国は、キュロス大王（前五五九年頃～前五三〇年）が創建した。彼はそもそもアンシャン王であった。この称号は、彼が古のエラム王国（現在の南西イラン）の統治者であることを意味していた。前五五九年頃、玉座に着くと間もなく、キュロスは軍事遠征を開始し、北の隣国メディアを打ち倒した（前五五〇年）。やがて彼の権勢は、東はイラン高原、西はアナトリアにまで広がり、リュディア王クロイソスをも討ちとると（前五四六年）、彼の帝国はエーゲ海に達するまでに至った。続いて彼は、当時、近東最強の都市であったメソポタミア地方のバビロンに目を転じた。バビロニア人たちは、かつて数世紀にわたってメソポタミア地方と西方の領域（およそ現在のイラク、シリア、レバノン、イスラエル、パレスティナ、ヨルダンに相当する）に君臨していた新アッシリア帝国を、ナボポラッサル王（前六二六年～前六〇五年）とネブカドネザル王（前六〇四年～前五六二年）の治世下に転覆させ、バビロニア帝国を建設していたのである。前五三九年、キュロスは、ティグリス河畔のオピスにおいてバビロニア軍を降し、バビロンに入城、そこでナボニドス王（前五五六年～前五三九年）を退位させ、代わりに自分の息子カンビュセスをその地位に据えた。キュロスの遠征は死の間際まで続けられ、その帝国をさらにカンビュセスが拡大し、キプロスと、そしてエジプトをも（前五二五年）併合した。

カンビュセスがエジプト遠征から帰還する途上で没すると——原因は不明——、その後を継いだのはどうやら弟のバルディヤだったらしい（前五二二年）。ところがこのとき謀反が起こり、ペルシア人貴族、おそらくキュロスの一族から見て遠い親戚筋に当たる人物、ダレイオスが王位に就いた。彼はいくつもの叛乱を鎮圧することに成功し、ひとたび権力を確立するや、先王たちの拡大政策を継承した。東方はインダス川（現在のパキスタン）まで帝国を拡大し、また北アフリカでも領土を拡げ、キュレナイカ地方（現在のリビア）を併合した。さらに彼はボスポロス海峡を渡り、黒海沿岸地方にスキタイ人征伐のために出陣した（前五一三年頃）。当初の目的は果たせなかったものの、遠征の結果、ダレイオスはエーゲ海北岸とドナウ川に挟まれた地域、トラキア地方と、先ほど見たように、マケドニアからなる地域を支配下に収めた。

帝国統治

これほど広大で多種多様な地域からなる帝国を維持するには、効果的な統治機構が必要であった。アケメネス朝のシステムにおいて要となったのは、他ならぬ王その人であった。それゆえ、ペルシア王の碑文には王が何者であるのかが刻まれ、さらに王に支配する権利があること、そして王が主神アフラ・マズダに支持されていることが明示された。玉座に着いた、あるいは立ち上がった王の姿は、王宮やその他の場所にレリーフとして飾られたが、常に他の人よりも大きく刻まれ、しばしば頭上には、アフラ・マズダを表す円盤が浮かんでいる。またアケメネス朝は、獅子を狩る王の姿など、アッシリア王家が用いていた図像表現からいくつかの要素を借用して、これを印章などに施し、帝国中に拡散させた。また ダレイオス王は、ヨーロッパに進軍すると、リュディアの首都サルディスで硬貨の製造を開始した。この「ダレイコス金貨」には、弓と槍で武装した戦士王の肖像が描かれ、エーゲ海地域で流通した。

ペルシア帝国には複数の王都があった。キュロスはメディア地方のエクバタナ、バビロン、そして彼がファルス地方に作らせたパサルガダエを統治の拠点としていた。ダレイオスはエラム地方のスサに王宮を造営し、さらにもう一つ、パサルガダエからさほど遠くない場所にペルセポリスを建設した。王と宮廷は、一年の間に、気候に対応する意味もあって、これら王都の間をゆっくりと移動した（イラン高原のエクバタナは夏の間は涼しいものの、冬にふさわしいのはバビロンやスサの方であった）。宮廷の移動は大規模な行列行進となり、王は大半の時間を、軍事遠征のときと同様に、石や煉瓦でできた建物よりも、幕舎で過ごした。こうした遊牧民的な様式はペルシア特有のものであり、先行するメソポタミアの諸勢力が都市を焦点としていたのとは対照的である。各王都の宮廷も、やはり王権を誇示する場であった。ペルセポリスはダレイオス一世が建設し、後を継いだクセルクセス（前四八六年～前四六五年）が拡張したものだが、その廃墟は、現在、この上なく壮観な姿を残している。アパダナ（謁見の間）の外側を飾る浮き彫りには、帝国中から貢納品をもたらす王の臣民たちが描かれている。各集団は、服装と髪型、そして彼らが運んでいる贈り物によって区別されている。大量の金銀など、朽ちにくい品々が各王宮に保存された（古代の著作家によれば、アレクサンドロスがこれらを攻略した際、王宮の宝物庫には、少なくとも銀二五〇〇〇トン相当の貴金属があったという〔諸説あるが、アッリアノス3巻16章によれば、スサで銀五万タラントン、プルタルコス37章によれば、ペルセポリスで銀四万タラントン、クルティウス5巻6章によれば、パサルガダエで六〇〇〇タラントンの貴金属を手に入れた。一タラントンを約二六キログラムで計算するとおよそ上記の数値になる〕）。ペルシア王は貢納品を受け取るばかりではなく、廷臣や臣民に贈り物をすることもあった（もっとも、それは等価な交換ではなかったのだけれど）。たとえば、王は晩餐の際、同時に「王の食卓」制度によって、家族、廷臣、従者、そして衛兵らの食事にも配慮した。

帝国の諸地域は、王によって任命された太守によって統治された。この地位には、有力なペルシア貴族が就くことが多かったものの、先に見たマケドニアのアミュンタスのように、現地の王が当てられることもあった。彼らは婚姻を通じてペルシア王や他の太守と関係を構築することもあった。太守の地位は家族内で継承されることもあったが、それでもなお王との個人的なつながりは変わらずに重要であった。太守には、王や自分たちに対する税や貢納を徴収すること、さらに要請に応じて、王の軍事遠征のために兵を徴募することが求められた。この者たちは（基本的には男性だが、女性が務めることもあった）、自らが太守を務める州に邸を構え、そこに自らの宮廷を営んでいた。中には、「楽園《パラデイソス》」と呼ばれる大規模な狩猟園の中に夏宮もしくは宿泊所を持つ者もあった。彼らはそこで王をまねて、獅子をはじめとする動物を狩ってみせることができた。カリア（トルコ南西部）の太守マウソロス（前三七七年～前三五三年）がハリカルナッソス（現ボドルム）に建てた墓廟などは、世界七不思議にも数えられるが、このようなモニュメントは、太守を務める現地の王家が抱いていた野心を示している。西方の太守の邸宅・宮廷には、帝国の境界を越えて数多くの有力者たちが頻繁に訪ねてきた。そのため、そこはエーゲ海域、とりわけトラキアやマケドニアといった地域における王宮の手本としても機能した。これら太守の活動を監督するため、王は各地との円滑な情報交換を維持する必要があった。その点について、アケメネス帝国の道路体系は古代人の賞讃の的であった。この道路網のおかげで、王からの特使は迅速に移動することが可能となり（前五世紀の著作家ヘロドトスによれば、「降雪も風雨も、炎暑も夜闇も、彼らが担当区間を全速力で駆け抜けるのに妨げとはならなかった」という〔8巻98章〕）、また王の宮廷も軍隊も円滑な移動が可能となったのである。ただし、それは侵入者の軍隊にとっても同じことではあったのだが。

ペルシアとギリシア人

アケメネス朝ペルシア帝国が、ごく短期間のこととはいえ、最大版図に達したのは、ダレイオスの息子にして後継者、クセルクセスの統治下のことであった。彼は、前四八〇年、北部および中部ギリシアの大半を征伐した。有力な都市国家アテナイもまた陥落した。それからさかのぼること六六年、キュロスがリュディア王クロイソスを打ち破り、その王国を引き継いだ際、すでにその領土にはエーゲ海東岸の有力ギリシア人共同体がいくつも含まれていた。また、キュロスの息子カンビュセスのキプロス征服の過程で、さらに多くのギリシア人都市が帝国に編入された。これらの諸都市に従来からいたギリシア人統治者や指導者集団は、ペルシア太守によってその地位を守られ、その利益に沿って行動していた。しかし前四九九年、これら現地指導者の多くがペルシアの支配に叛旗を翻すこととなる。これに対して都市国家アテナイからは二〇隻の艦隊が、エウボイア島の都市エレトリアからは五隻の軍船が援軍に駆けつけた。前四九四年、叛乱は鎮圧され、ギリシア人の大都市ミレトスが略奪された。アポロン神の神託で知られた有力なディデュマの神域、神殿も略奪の対象となった。

このイオニア叛乱からさかのぼること数年、およそ前五一一年頃から前五〇六年頃にかけて、アテナイは〔政治権力を一手に握っていた僭主ペイシストラトスが亡くなったのち〕、「僭主」ヒッピアス〔ペイシストラトスの息子〕と、対立する二人のアテナイ人イサゴラスとクレイステネス〔のちにアテナイの民主政を確立することになる人物〕を軸として、社会的な混乱を経験していた。党争に際して、イサゴラスはスパルタからの援軍を招き入れたが、他方のクレイステネスはこれに対抗し、リュディア太守を通じてペルシアとの交渉を開始した。このとき、当時のペルシア王に対して服従を申し出ていた可能性すら考えられる。そうなると、〔イオニア諸都市の叛乱を鎮圧した〕ペルシア王ダレイオスにしてみれば、〔叛乱に加担した〕アテナイもまた、イオニア地方やキプロス島の諸都市と同じように、叛乱分子だったということになる。前四九二年、ペルシアの将軍マルドニオスは、陸上部隊と艦隊の複合部隊を率い、ヘッレスポントス（ダーダネルス海峡）を越え、トラキア地方、マケドニアを通って、南方のエレトリアおよびアテナイを目指した。しかし、アトス山沖で艦隊の大半が難破。遠征は中止となった。二年後、ダレイオスはダティス指揮下に新たな部隊を組織した。今回はエーゲ海横断作戦。ギリシアの島々は次々にペルシア王に服従を申し出た。続いてエレトリアも陥落。ところが前四九〇年、アテナイが、マラトンの野でペルシア軍を退けることに成功する。遠征はふたたび幕を閉じた。

ダレイオスの死後、後継者クセルクセスは父王の計画を受け継ぎ、前四八一年、マルドニオスとともに進軍を開始した。進路は同将軍が前回採用したのと同じ。今回は首尾よく進み、進軍の途上、通過する都市をことごとく服従させることができた。スパルタが率いる陸上部隊をテルモピュライで潰滅させ、アテナイも攻略して、戦勝を記念する品をスサに持ち帰ることができた。しかし成功もつかの間、クセルクセスの艦隊（ギリシア人の戦艦も相当数含まれていた）は、前四八〇年、サラミス水道においてギリシアの艦隊に敗れ、翌年にはプラタイアイで陸上部隊も敗北。アジアに退却することとなった。

それから数年の間に、ペルシア軍の残党はエーゲ海北岸地域から駆逐され、アナトリア西部のギリシア諸都市は、数十年の間、ペルシア支配から外れることとなり、代わりにアテナイが主導する同盟の一員となった。しかし、エーゲ海東岸地域におけるペルシアの権威は、ほどなくして回復することとなった。ギリシアでは諸都市間に不信感が募り、ついにはアテナイとスパルタ、そしてそれぞれの同盟諸都市が衝突するペロポネソス戦争が勃発したが（前四三一年～前四〇四年）、実のところ、この争いの真の勝者はアケメネス朝ペルシア帝国であった。アテナイ、スパルタ、双方ともペルシア王アルタクセルクセス一世（前四六五年～前四二四年）およびダレイオス二世（前四二三年～前四〇五年）から支持を取り付けようとしていたのである。なかでも、ダレイオスの息子キュロスがスパルタ側に与し、介入すると、これによってスパルタは打倒アテナイに必要な海上戦力を手に入れることとなった。スパルタは支援の見返りとして、アジアのギリシア都市をペルシア人の手に委ねることに同意していた。

スパルタ人とペルシア人の関係は、ダレイオス二世の死とともに崩れ落ちた。登極する長子アルタクセルクセス二世（前四〇五年～前三五九年）に対し、弟キュロスが王座簒奪を目論むと、スパルタの指揮官たちは傭兵部隊とともに後者を支援したのである。このときの軍事遠征に関しては、この遠征に自ら従軍したアテナイ人著作家クセノフォンが『アナバシス』の中で詳しく記している（これは、のちにアッリアノスによるアレクサンドロスの『アナバシス』（邦題『アレクサンドロス東征記』）のモデルとなった）。アルタクセルクセス二世は、前三八六年、「大王の和約」と呼ばれる協定によってエーゲ海域の諸問題を最終的に解決した。これにより、小アジア地域の諸都市に対するアケメネス朝の支配が認められた。またヨーロッパ側および島嶼部のギリシア人は、和解協定とそれぞれの自治を尊重するものとされ、遵守しない場合には、ペルシア王が軍事力もしくは財力によって介入するという威嚇も加えられた。実際、続く数十年の間に、ペルシアの財貨がギリシアの有力政治家にたびたび提供された。彼らが本国において、王の意向に反しないような政策を確かに推進するようにという趣旨であった。こうして、ギリシア人とアケメネス帝国の間で直接的な軍事衝突が生ずることはめったになくなった。

前四世紀のアケメネス帝国

クセルクセスの後継者たちは、ほとんど碑文を設置しなかった。そのため、ギリシアの著作家たちに言及されていることを除けば、それ以外、いったいどこで何が起こっていたのか、我々が知る情報ははるかに少なくなる。ギリシアの歴史家クニドス出身のクテシアスは、アルタクセルクセス二世の宮廷で暮らし、ペルシアの歴史を執筆している。しかしこれは現存しておらず、他の作家たちによる引用からのみ知られている作品である。よって、ここから得られるものはあまり多くない。おおよそのところ、クセルクセスの治世以降も帝国は概して損なわれることなく続いていった。支配下にあったエジプトが、前四〇四年、アケメネス朝から自立することはあったものの、前三四三年には、アルタクセルクセス三世（前三五九年～前三三八年）によって再征服された。帝国最晩年の出来事に関しては、いくつもあるバビロンの文書群から情報が得られる。これには、いわゆる「王朝予言」も含まれており、そこにはアケメネス朝の宮廷に生じた謀略がいくつか記されている。アルタクセルクセス三世が没すると（毒殺の可能性もあるが、あるいは自然死だったかもしれない）、宮廷宦官バゴアスの煽動により、王の一族は大半が殺害され、唯一生き残った息子が、アルタクセルクセス四世として即位させられた（前三三八年〜前三三六年）。二年後、バゴアスは新王をも殺害させると、他の王族はすでに死に絶えていたため、遠縁にあたる人物、ダレイオス三世を王位に就けた（前三三六年〜前三三一年）。ダレイオスは軍事指導者として成功を収めた人物であった。結果的にこの選択はバゴアスにとって裏目に出た。新王の命により、バゴアスは殺害されたのである。この新王こそ、のちにアレクサンドロス大王と対峙することになる人物である。

マケドニア　はじめの一五〇年

一方、マケドニアではアミュンタスの息子、アレクサンドロス一世（前四九五年頃〜前四五四年）が、クセルクセスのエーゲ海撤退ののちも自らの地位にしがみつくことができた。彼はアレクサンドロス・フィルヘレネス（「親ギリシア人」の意味）として知られるようになる。歴史家ヘロドトスが伝えるいくつかの物語では、この人物は一貫して反ペルシアの活動を秘密裏に続けていたように描かれている（たとえば5巻19〜22章、7巻173、175章、9巻44〜46章）。マケドニア王国は四面楚歌であった。ときに内憂も抱えた。マケドニアの中核をなすのは、エーゲ海の北西の角に位置する、低地マケドニアと呼ばれる地域で、ハリアクモン川とアクソス川が流れ、平野が広がっている。王都アイガイは、この平野の南の縁にあった。アレクサンドロス一世は、西と北の山側（高地マケドニア）と、さらに東側のストリュモン渓谷にまで支配圏を拡大し、支配領域は一万七〇〇〇平方キロメートルにまで及んだ（英連合王国のヨークシャーよりもいくぶん大きく、合衆国のニュージャージー州よりもいくらか小さい〔およそ日本の関東平野と同程度〕）。農耕牧畜を行うための肥沃な土地が豊かに広がるのみならず、森林や金鉱・銀鉱も含まれる地域であった。しかしながら、四方は潜在的な敵に囲まれていた。東にはトラキア王国。北西および西方にはイリュリアとエペイロス。そして南方のエーゲ海岸、とりわけカルキディケ半島には、前七、六世紀に建国されたギリシア諸都市があった。

マケドニアの王たちはしばしば重婚を行い、その結果、母親の異なる息子をもうける傾向にあった。こうした一夫多妻の慣習を利用して、王は外交上の取り決めを確実なものとするため、婚姻政策を頻繁に採用した。このことは、後継男子に事欠かないことを意味した。しかし他方、このためにマケドニアは、王の死後に王座をめぐって後継者が相争う、政情不安の時期を一度ならず迎えることにもなった。アレクサンドロス一世の死後にこうした事態が生じた。後継の王ペルディッカス二世（前四五四年〜前四一三年）は権力の座を確立するのに数年を要した。彼の治世は、近隣からくり返し脅威がもたらされる時代であった。これには限定的な軍事行動（必ずしも成功ばかりしていたわけではなかった）と外交交渉で応じた。

彼の後継者アルケラオス（前四一三年～前三九九年）は、マケドニア軍の有効性を高めた人物と認められている。道路と防衛施設を建設し、そしておそらくは新しい歩兵隊形の導入も果たした。彼はまたマケドニア平野のペッラに新首都を建設し、宮廷を設けた。ここにはギリシアの芸術家、著作家たちが引き寄せられ、移り住んだ。アテナイの悲劇詩人エウリピデスもそのうちの一人である。アルケラオスの死後、後継者の間でいっそうの争いがくり広げられたが、最終的には彼のいとこアミュンタス三世（前三九三年～前三六九年）が権力の座を確保した。彼の治世は北西のイリュリアが拡大政策を強化した時期と重なり、またカルキディケ半島のギリシア諸都市との対立が高まった時期でもあった。こうした圧力は彼の死後にも続き、さらに新たな要素が加わることとなった。マケドニアが南方ギリシア諸都市の情勢に、より直接的に介入し始めるようになったのである。アミュンタスの死後、息子のアレクサンドロス二世（前三六九年～前三六八年）がギリシア中部のテッサリアに遠征を行うが、やがて暗殺され、おそらく彼の弟ペルディッカスの摂政を務めていたプトレマイオスがその後継者となって（前三六八年～前三六五年）、ギリシア都市テバイと同盟関係を締結した。このとき、彼はテバイに対して誠意の証として捕虜を送ったが、その中にはアレクサンドロス二世とペルディッカスのもう一人の兄弟、のちのフィリッポス二世も含まれていた。ペルディッカス三世（前三六五年～前三六〇年）の治世に、マケドニアはしばらくの間、テバイに代えて、アテナイと同盟関係を結んでいたが、イリュリア軍の進攻に際してペルディッカス本人が陣没すると、両国の関係は短命に終わった。王座はフィリッポス二世（前三六〇年～前三三八年）の手に移った。アレクサンドロス大王の父親である。

フィリッポス二世

外交、軍事改革、そして巧みな用兵術。これらをもってフィリッポス二世がマケドニアの運命を変えるのに、三年を要しなかった。イリュリア軍の進攻に対処しなければならなかったばかりか、上部マケドニアのパイオニア地方では叛乱の脅威に直面しており、さらに自らの王位をめぐって挑戦を受ける可能性もあった。彼には異母兄弟が三人おり、他にも二人が継承権を主張していて、さらにその二人はアテナイ、トラキアからそれぞれ支援を受けていた。フィリッポスは王位継承をめぐる危険を排除するべく、アテナイ人との交渉、トラキア人への賄賂提供を成功させ、異母兄弟アルケラオスは死刑に処した。さらにパイオニア人に金銭を提供して彼らの脅威を鎮め、イリュリア人とも一時的な和平を交渉することができた。これにより、彼には軍事訓練と軍隊組織の改善に取り組む時間が生まれた。マケドニアの戦術的革新にフィリッポスがどれほど寄与したのか、前任者たちがどれほどのことを成し遂げていたのか、息子のアレクサンドロスにいかほどのことが残されていたのか、こうした点に関しては議論の余地がある。本書はアレクサンドロスに関する書物であるため、アレクサンドロス治下の軍隊に目を向ける方が理にかなっており、この問題については第三章で扱うこととする。しかし一般的に、フィリッポス

は より多くの歩兵と騎兵を招集し、より徹底した訓練をいっそう定期的に行うことで、マケドニア軍の有効性を向上させたとされている。前三五八年までに、彼はイリュリア人に反撃を加え、上部マケドニアから排除することができた。

フィリッポスはいくつもの婚姻を通じて、隣国との関係を堅牢にした。七人の妻のうち、初めの妻は上部マケドニア地方のエリミオティス出身の女性フィラであった。やがてイリュリア王家の女性アウダタが、そしてテッサリアのギリシア都市から有力家系出身の二人の女性ニケポリスとフィリンナが加わり、その後、前三五七年にエペイロス王家の女性オリュンピアスが妻の一人となった。治世の後半に、フィリッポスはトラキア王の娘メダと結婚し、最後にマケドニア貴族の女性クレオパトラを娶った。フィリッポスの父アミュンタス三世は、二つの婚姻関係から六人の息子をもうけたが、対照的にフィリッポスの妻たちは、娘は何人か産んだものの、男子は二人だけにとどまった。フィリンナはアッリダイオスを産んだ。こちらは何らかの理由で統治にふさわしくないと考えられていた。そしてアレクサンドロス大王の母親となったのが、オリュンピアスである。息子のいない王妃たちは、宮廷内でほとんど影響力を持たず、これらの女性たちについてはほとんど何もわからない。しかし、オリュンピアスは息子であるアレクサンドロスの治世さえも生きながらえ、相当の影響を及ぼした。彼女については次章で詳しく見ることにしよう。

その後の活動から考えて、フィリッポスが、攻撃こそマケドニアの利益を守る最も効果的な手段であるとみなしていたことは明らかである。しかし、それには別の行動が組み合わされた。彼はギリシア人と対峙するばかりでなく、共同で事に当たることもできるということを示した。フィリッポスは前三五七年～前三五四年の間に、東はアンフィポリス市から南はピュドナ市に至るまで、カルキディケ半島の北方に位置する全ギリシア都市を支配下に収めた。彼はまた、豊かな金鉱、銀鉱を管理するクレニデス市を手に入れ、これをフィリッポイと改名した。他方で彼は、前三五六年、オリュンピア競技祭の戦車競技に参加し、勝利を収めた。これは単なる見せかけの行動ではない。オリュンピア競技祭の勝者は、ギリシアではゼウスの恩寵を得たものとみなされ、格別の敬意をもって扱われた。それゆえ、フィリッポスは、この優勝によりギリシア人にとっていっそう無視しがたい存在となった。

前三五六年、中央ギリシアにおいて、フォキス・ボイオティア間の戦争が勃発した。原因の一端は、デルフォイにあるアポロン神の聖域と託宣の管理をめぐるものであった。この戦争は、現代の研究者たちには、第三次神聖戦争として知られている。フォキスとマケドニアの間に位置する、テッサリア地方の諸都市もこの戦争に加わった。フィリッポスの妻、フィリンナの故郷であるラリッサは、フォキス人に対する防衛策として、フィリッポスを招聘した。フォキスは、彼らラリッサ人のライバルである都市フェライを支持していたのだ（フェライは、別の妻ニケポリスの故郷である。この結婚は、一連の事件の後で生じた可能性もある）。前三五二年、フィリッポスはフォキス人を倒し、全テッサリアの指揮官に選出された。次第に彼は、ギリシア主要諸都市の情勢に巻き込まれていった。

南方への関与は、東方への進攻と交互に起こった。フィリッポスはマケドニアに戻り、トラキア王ケルソブレプテスとの戦争に向かった。その後、カルキディケ半島に攻撃の刃を向け、前三四八年、半島の最有力ギリシア都市オリュントスを陥落させた。続いて、前三四六年、彼は再び南進してフォキスに向かい、テルモピュライの隘路を制した。ペルシア王クセルクセスがスパルタ軍を撃破した場所であり、中部ギリシアと北部を結ぶ陸路を押さえる関門であった。まもなくフィリッポスは、ボイオティアとともに一〇年に及ぶフォキス戦争に終止符を打った。このときデルフォイのアポロン神域は、テルモピュライ周辺の地域とともに、デルフォイ隣保同盟《アンフィクテュオニア》として知られるギリシア人評議会によって監督されていたが、これは主に聖域近隣地域の代表から構成されていた（「アンフィクテュオン」は「近隣」を意味する）。これ以前には誰が評議会の構成員だったのか、明確ではないところもあるが、フォキス戦争の戦後処理の一環として、フォキス人が評議会から追放され、その議席はフィリッポスのものとなった。評議会が有していた影響力も、どういったものだったのかはっきりしないが――テルモピュライで一年に二度開催されていたピュライア祭を司り、デルフォイの聖域を守るのが、主な役目であった――、オリュンピアでの優勝と同じように、デルフォイ隣保同盟の構成員となったことで、フィリッポスは、ギリシア人の誰の目から見てもとは言わないまでも、多くの人々の目に名誉ある人物と映ることになった。これに続いて、彼はトラキアに戻り、前三四二年までにケルソブレプテスの王国を併合し、さらにドナウ川まで北進した。

この時点でフィリッポスは、最終的に何を目指していたのだろうか。この問題は、現代の研究者の間で意見が分かれており、また同時代人にとっても明確ではなかった。アテナイやスパルタを含む、南部の大きな都市はエーゲ海北部地域の天然資源に関心を持っており、ときに北ギリシア諸都市やトラキア系諸王国と同盟関係を結ぶこともあった。したがって、マケドニアの伸張を彼らの利益に対する脅威とみなすこともできた。とりわけアテナイは、黒海からの穀物供給に依存しており、ボスポロス王国あるいはヘッレスポントスを敵対勢力に支配させるわけにはいかなかった。フィリッポスが東方へ進軍することは、ペルシア王にとっても潜在的脅威であった。前三四〇年までにフィリッポスは、ビュザンティオン市を含む、マルマラ海北岸の諸都市に対して包囲戦を行っており、アルタクセルクセス三世は彼らを支援するため、補給物資と傭兵部隊を送っている。このペルシア王はまた、かつての王たちと同様に、アテナイをはじめとする各地の政治家に金銭を送り、可能な限りフィリッポスに対抗するよう促した。他方、フィリッポスはテッサリアおよび中部ギリシアに介入するよう要請されていた。これらの国々は、フィリッポスこそ自分たちの擁護者だとみなしていたのである。マケドニア周辺地域の支配を固めた以上、フィリッポスは他のギリシア都市と平和的な関係を維持できれば、それでよいと思っていたということも十分にあり得る。アテナイにはフィリッポスを支援してペルシア遠征を主張する政治家もおり、そうしたことを小論として発表する者もいた。彼から贈り物を受け取ったのかもしれない。他方、正反対の見方をする者たちもいた。同様に、こちらはアルタクセルクセスから金銭を受け取ったのかもしれない。

エーゲ海を挟んで対角線上で起こった出来事から、フィリッポスとアテナイは最終対決を迎え、フィリッポスのギリシア遠征は終幕を迎えることとなった。前三四〇年、アテナイ人は、フィリッポスに包囲されていたビュザンティオンと同盟を締結した。これに対してフィリッポスが、アテナイの穀物輸送船を拿捕することで応じ、アテナイ人は宣戦布告するに至った。その年、いくらか後のこと、デルフォイ隣保同盟は、デルフォイのすぐ西の都市アンフィッサを、アポロン神の聖なる土地を耕作したという罪で告発し、同市に対する軍事遠征を開始した。第一期の遠征では解決に至らなかったため、フィリッポスが問題を処理するために招聘された。彼はアンフィッサに対して進軍し、そして西に転じてアテナイに迫った。アテナイで最も力のある弁論家、そしてペルシア王からの贈り物を受け取った政治家の一人デモステネスは、アテナイ人に対してはフィリッポス討伐軍を進発させるよう煽り、テバイ人にはこれに参加するよう説得した。前三三八年八月、両陣営はカイロネイアで相見えた。勝利を手にしたのは、フィリッポスであった。彼はテバイには駐留軍を据えたが、アテナイ人を罰しようと試みることはなかった。そうする代わりに、フィリッポスは次の遠征部隊を組織し始めていた。

前三三七年春、スパルタを除く全ギリシア都市の代表がコリントス市に集結し、フィリッポスへの忠誠を誓った。現代の研究者からコリントス同盟と呼ばれている組織が設立された。その集会でフィリッポスは、アケメネス帝国への進攻計画を宣言した。目的は、かのペルシア王クセルクセスが行った破壊活動に関してペルシア人を懲罰することであり、アジアのギリシア諸都市を再び解放することにあると公言された。遠征に必要な部隊すべてを招集するのに時間がかかっていたようだが、前三三六年三月、一万人のマケドニア先遣隊が、ヨーロッパからアジアへ向けて、ヘッレスポントスを渡って行った。

第二章　王子　マケドニア宮廷のアレクサンドロス

いよいよ主人公アレクサンドロスの登場である。本章ではアレクサンドロスの誕生と少年時代が扱われる。生まれてから成長するまでのアレクサンドロスの様子は、「アレクサンドロスの歴史家たち」のうちプルタルコスの『アレクサンドロス伝』に生き生きと描かれている。未読の方は本書を読んだ後にでも、ぜひそちらをお読みいただきたい。しかし、誕生にまつわる物語や愛馬との出会いを伝えるエピソードなど、どうもその後のアレクサンドロスの活躍を「先取り」して、後になって創られた物語のようにも読める。またアレクサンドロスを生み、育てた母親オリュンピアスについては、怪しげな迷信にはまっていたり、嫉妬深い悪女のような振舞をしたりと、常によからぬイメージが付いて回る。史料に記されたこうした記述を前にして、私たちはどうしたらよいのだろうか。本章では、同時期の別のマケドニア人女性と比較をしながら、「アレクサンドロスの歴史家」たちが描くオリュンピアスのイメージを検証している。

実際の少年アレクサンドロスは、同時代史料によると、どのような経験をしていたと言えるのだろうか。本章では、ローマ時代の「アレクサンドロスの歴史家たち」を超えて、同時代の史料、すなわち考古学史料を手掛かりに実像に迫ってゆく。アレクサンドロスが実際に少年時代を過ごしたであろう、マケドニアの王宮の様子、そしてそこから出土したモザイク画などから考えを巡らせ、王子が経験した宮廷文化、とりわけペルシア帝国の王宮に由来する文化的伝統について考察を加えてゆくことになる。

アレクサンドロス大王は、前三五六年七月、ペッラの王宮でこの世に生を受けた。父親フィリッポス二世が、カルキディケ半島のギリシア諸都市に対して軍事遠征を行っている最中のことであった。のちに目覚しい功績を上げることになる人物には付きもののことだが、アレクサンドロス誕生を知らせる前兆については、後代にいくつもの物語が広く流布することとなる。エフェソスにあるアルテミス神殿はアレクサンドロス誕生の当日に焼け落ちたとされているが、これは、子供の誕生に関わりの深い女神アルテミスが、マケドニアの王子誕生に立ち会おうと、自分の神殿を放っておいたためだとされた。あるいはまた別の物語では、父フィリッポスが、アレクサンドロス誕生の知らせを受けたその日に、オリュンピア競技祭に出走させた戦車の優勝についても報告を受け、さらに麾下の将軍パルメニオンがイリュリア人との戦いに勝利したことについても報告を受けたとされている。さらにまた、こうした偶然の一致に基づいて、予言者たちが、アレクサンドロスは「不敗」あるいは「無敵」（ギリシア語でアニケトス）になると予言したとも〔プルタルコス3章〕。このアニケトスという言葉は、後代の著作家たちがこのマケドニア王について記す際に、頻繁に用いたものである。

アレクサンドロスの歴史家としては、一人プルタルコスだけが、アレクサンドロスの幼少期についてある程度まとまった記述を残している。ただし、そのうちのいくつかの話題については、他の著作家の作品にも言及されており、哲学者アリストテレスの導きによりアレクサンドロスが教育を受けたという話などは、その代表例である。しかし、プルタルコスがよりドラマティックな物語を他にいくつも収録している理由は、それらに信憑性があるからというよりも、むしろアレクサンドロスがやがて成し遂げる偉業を先取りして予告しているような出来事であったためだと思われる。愛馬ブケファロスの物語なども、そうしたものだろう。制御不能の荒くれ馬とされていたブケファロスを、アレクサンドロスは自分なら手懐けられると言って父王と賭け、みごと手懐けることになったという〔プルタルコス6章〕。実際、アレクサンドロスはこの馬に格別の愛情を抱いていたらしい。イラン北部に遠征中、アレクサンドロスは、ブケファロス盗難事件に遭っているが、このとき彼は、愛馬を取り戻すため多額の身代金を提示したとされている〔プルタルコス44章〕。またパンジャーブ地方遠征を行っている最中、ブケファロスが死んでしまうと、アレクサンドロスは愛馬追悼のため、その地域のある都市にブケファリアという名前をつけた〔プルタルコス61章〕。いったいブケファロスを手懐けたという物語は、アレクサンドロスがこのように愛情を抱くに至った経緯を具体的に説明しているだけなのだろうか。それとものちの行動に触発されて、後付けで創り出された物語だったのだろうか。これについてはどちらとも明言できない。

アレクサンドロス時代のギリシア人・マケドニア人にとって、それからアレクサンドロスの歴史家たちの時代のギリシア人・ローマ人にとって、秩序立った社会というのは、男性によって諸々の決定が行われるところであった。女性が子供の利益、とりわけ息子の利益を守るために一族の男性に訴えることは許容されていたが、子供たちに成り代わって行動することは認められなかった。ホメロスの叙事詩〔前八世紀に成立した古代ギリシア文学の始まりを告げる作品。トロイア戦争の神話を謳う〕以来、ギリシア文学は、女性が男性に対して、見知らぬ人に優しくするように、あるいは神々を敬うように働きかける姿を描き出してきたが、それと同時に物事の秩序に挑戦する、危険な女性という負のイメージも提示してきた。民主政の下では、女性の権利は必然的に限定されていたが、君主政下では、王家の女性ならば間接的ながら相当の権力を行使することも可能であり、子供たちの代わりにその力を行使することまで期待されていたようだ。それはマケドニア王国も例外ではなかった。

プルタルコスは、アレクサンドロスの母オリュンピアスについて、いくつもの物語を記している。アレクサンドロスはこの母親と生涯を通じて近しい関係にあった。遠征中も互いに書簡で連絡を取りあい、また戦利品から母親に贈り物を送ったりもしていた。プルタルコスの叙述は、オリュンピアスに好意的なものではない。彼女はアレクサンドロスの父親フィリッポスとの関係において、嫉妬深く、疑り深い女性として描かれており、また粗野で危険な女性ともされている〔たとえば、9、10節〕。このように描写されたのは、アレクサンドロスの死後、オリュンピアスが後継者間の競争・対立に関与していたということに一因があったと言えよう。彼女に負のイメージを負わせたいと思うような人間は、いくらでもいた。プルタルコスが記したような描写の背後にいかなる事実があったのか、容易に知ることは叶わないが、少なくとも、王家の他の女性の経験に目を向けることで、マケドニア宮廷における女性の位置付けを、よりバランスよく理解することは可能である。アレクサンドロスの祖母エウリュディケと彼の姉妹クレオパトラに関して知られている情報は、彼の母親を理解するのに役立つだろう。

エウリュディケ

アミュンタス三世の妻であり、フィリッポス二世の母であるエウリュディケ。アレクサンドロスの幼少期にもまだ存命だったかもしれない。彼女の経歴を見ることで、王家の女性たちが一般に、実際の人生においてどのようなことを成し遂げることができたのか、どのようなことに耐えねばならなかったのか、そしてどう評されていたのかについて見てとることができる。エウリュディケは、イリュリア人もしくはリュンケスティス人であった。アミュンタスは彼女と結婚することで、潜在的な脅威であった隣国と良好な関係を維持しようとしたのである。二人の間には三人の息子が生まれた。何よりこのことが、マケドニア宮廷における彼女の地位を高めたのだろう。アミュンタス王が亡くなると、エウリュディケは否応なく外交の世界に足を踏み入れることとなった。国王崩御を受け、王位僭称者パウサニアスが瞬く間にマケドニアへの侵攻を進めていた。この時点で、三人息子のうち最年長のアレクサンドロス二世は、すでに他界していたか、あるいは対イリュリア戦線の最前線にいて国許を離れていた。エウリュディケは、弟二人ペルディッカスとフィリッポスを連れて、アテナイの将軍イフィクラテスの許へ走った。この将軍は、ギリシア都市アンフィポリスを支配下に収めようと、この地域に来ていたのであった。イフィクラテスはアミュンタスの養子となっていたため、エウリュディケにしてみれば自分の継子であると言うこともできた。アテナイの弁論家アイスキネスによれば、エウリュディケは息子たちをイフィクラテスの膝に乗せ、兄弟として彼らを守ってくれるよう懇願したという〔2番弁論26節〕。家族の絆に訴えることで、普通ならば女性にはふさわしくはないと思われるよう行動が許容されたのである。イフィクラテスはパウサニアスをマケドニアから放逐した。また、信憑性に劣る話ではあるが、エウリュディケが、それから間もなくしてプトレマイオスなる人物と結婚することになったという逸話も伝わっている〔たとえば、ディオドロス15巻71、72章、16巻2章〕。引き続き息子たちの利益を守ることができるようにするためか、首尾よくペルディッカスの摂政におさまったこの人物と結婚したとされている。このプトレマイオスが何者なのか、詳らかではないものの、エウリュディケの義理の息子であり、彼女の息子アレクサンドロス二世を殺害した人物だとされている。もしそうであるならば、エウリュディケは一人の息子を守るために、別の息子を殺害した人物と結婚したことになる。ユスティヌスは一連の事件をいっそうセンセーショナルに伝えている〔7巻4〜5章〕。それによれば、エウリュディケはプトレマイオス

新刊

アレクサンドロス大王

ヒュー・ボーデン著／佐藤昇訳
【刀水歴史全書97】四六上製 二五〇頁 ¥二、三〇〇
歴史の中に浮かび上がる真の姿。西アジアで発見された重要文書から、アレクサンドロスは「西洋的な人物」ではない事が明らかになってきた。今後の研究が楽しみな入門書

ホメオパシーとヴィクトリア朝イギリスの医学 科学と非科学の境界

黒﨑周一著
A5上製 三四〇頁 ¥五、五〇〇
19世紀イギリスのホメオパシー普及活動や真偽をめぐる論争。科学的医学がどのように形成されようとしたのか探る

新ゾロアスター教史 古代中央アジアのアーリア人・中世ペルシアの神聖帝国・現代インドの神官財閥

青木 健著
【刀水歴史全書99】四六上製 三七〇頁 ¥三、〇〇〇

ゲオーポニカ 古代ギリシアの農業事情

伊藤 正著
A5箱 三二〇頁 ¥五、〇〇〇
日本で初めて！ 古代ギリシア農業の社会経済史研究始まる

フランス絶対王政の統治構造再考 マレショーセに見る治安、裁判、官僚制

正本 忍著
A5箱 五四〇頁 ¥一二、〇〇〇

駐英大使の見たヘンリ八世時代 神聖ローマ皇帝大使シャピュイの書簡を中心に

髙梨久美子著
A5箱 三九〇頁 ¥七、〇〇〇

和魂外資 外資系の投資と企業史および特殊会社の発達史 1859–2018

サイモン・J・バイスウェイ著
A5上製 二〇〇頁 ¥三、〇〇〇
日本人が気付かなかった日本経済史！ 開国以来の「和魂洋才」から海外資本の導入で先端技術開発の「和魂外資」へ！

好評発売中

現代日本における自然葬の民族誌

金セッピョル著
A5上製 二三〇頁 ¥六、〇〇〇

11～12世紀のフランドル伯の尚書部

青山由美子著
A5上製 二六〇頁 ¥五、〇〇〇

インディアンの「文明化」 ショーニー族の物語

T・W・アルフォード著／中田佳昭・村田信行共訳
【刀水歴史全書98】四六上製 三〇〇頁 ¥三、〇〇〇
小さな部族のエリートが「白人的価値」と「インディアンの価値」の中で苦悩し翻弄されながら、両者の懸け橋を目指す

日系人戦時収容所のベースボール ハーブ栗間の輝いた日々

永田陽一著
【刀水歴史全書94】四六上製 二一五頁 ¥二、〇〇〇

紀元千年の皇帝 オットー三世とその時代

三佐川亮宏著
【刀水歴史全書95】四六上製 四四〇頁 ¥三、七〇〇

フランス革命 「共和国」の誕生

山﨑耕一著
【刀水歴史全書96】四六上製 三七〇頁 ¥三、〇〇〇
「革命前夜のフランスの状況」から説かれる本書。1冊で「革命」とは何か、複雑なフランス革命の諸々の動きと人々の生き方、共和国の成立からナポレオンの登場までのすべてを理解できる革命史！

モンゴルの歴史 遊牧民の誕生からモンゴル国まで【増補新版】

宮脇淳子著
【刀水歴史全書59】四六上製 三二〇頁 ¥二、八〇〇
2刷になりました！ 今までもこれからも、最高のモンゴル通史はこの1冊です

イタリアの黒死病関係史料集

翻訳特別賞！

石坂尚武編訳
A5箱 七九六頁 ¥一四、〇〇〇

【価格は税抜】
〒101-0065 千代田区西神田 2-4-1
東方学会本館

刀水書房

tel.03-3261-6190 fax.03-3261-223
http://www.tousuishobou.com/

との結婚を望んでおり、そのためにアミュンタス王殺害を図ったものの、不首尾に終わったのだという。また、やがて王の没後には、彼女自ら、まずはアレクサンドロスを、次いでペルディッカスを死に追いやったという。さて、先に見たアテナイの弁論家アイスキネスの方は、エウリュディケに対して同情的な物語を口にしているが、この発言がなされたのは、事件から三〇年も経過していない時点でのことである。これに対してユスティヌスの情報源、ポンペイウス・トログスが執筆をしたのは、三〇〇年以上後のことである。ローマ人が、女性の政治介入を嫌っていたということも考慮すべきであろう。にもかかわらず、近年まで、事件は実際ユスティヌスが語っているような経過をたどったと考えられてきた。エウリュディケは、古代と現代の研究者たちによって、家族の絆に頼って息子たちを守ろうとした母親から、息子殺しも辞さない野心的陰謀家に姿を変えられてしまった。このことから考えて、彼女の義理の娘であり、アレクサンドロス大王の母親、オリュンピアスについて考える際にも、すこし立ち止まって考えるべきであろう。

クレオパトラ

アレクサンドロス大王の父フィリッポスが殺害されたのは、アレクサンドロスの姉妹クレオパトラと、彼女の叔父であり、オリュンピアスの弟、一般にエペイロスのアレクサンドロスと呼ばれている人物との結婚式がとり行われたときのことであった。クレオパトラは、オリュンピアスと同じく、アレクサンドロス大王の戦利品から贈り物を受け取っており、あるときにはアナトリアの地方君主のために、彼に取り成しをしたことがあった。これは姉妹として不適切な行動ではない。また、やがてエペイロスのアレクサンドロスがイタリア遠征中に没すると、後に息子ネオプトレモスと娘カドメイアが遺されたのだが、このときにクレオパトラは摂政役を務めている。ネオプトレモスはそれから三〇年ほど経って実際にエペイロスの支配者となった。アレクサンドロス大王が没すると、フィリッポスの娘であるクレオパトラは、権力争いをする将軍たちにとって魅力的な結婚相手となった。しかし、彼女は紀元前三〇八年、齢五〇歳の頃、最終的には殺害されてしまう。事情は判然としない。クレオパトラも祖母と同じように、一族の男性との関係から重要な責務を果たすことになった一方で、その関係によって人生が規定されてもいたのである。

オリュンピアス

オリュンピアスの経歴は、義理の母や娘と大きくは変わらない。彼女はエペイロス地方のモロッシア王ネオプトレモスの娘であり、フィリッポス二世との結婚は、よくあるように、外交上の理由からお膳立てされたものであった。アレクサンドロス大王の母として、彼女は宮廷内で高い地位にあったのだろうが、アレクサンドロスが王位に就く以前のことはほとんど伝えられていない。そのわずかなものも、事実というよりは空想の物語のようである。アレクサンドロス誕生の物語は、さまざまな奇跡的出来事と結びつけられるようになったが、彼女の妊娠に関する物語もやがて大きく膨らんでいった。ある伝承では、アレクサンドロスはゼウスの息子、あるいはエジプトの神アメンの息子ということにされており、アメン神が蛇の姿をしてオリュンピアスの許にやってきたのだと伝えられている。これはおそらく前三世紀のエジプト起源の話であろう。プルタルコスもこの話を伝えているが、さらにこれに対する合理的説明と思しきものも付け加えている。曰く、オリュンピアスは、多くの地元女性と同じようにオルフェウスやバッコスの祭儀（ディオニュソス神崇拝の一形態で、集団的狂乱と恍惚を伴う）に入信しており、それらの儀礼のために大きな蛇を持ち込んでいたのだという〔プルタルコス2章〕。たしかに神話に語られるオルフェウスは、マイナデスあるいはバッコスの信女と呼ばれるディオニュソス神の崇拝者たちによって八つ裂きにされたとされ、その死の物語はマケドニアのピエリアという地域と深い関わりがあるとされている。また、エウリピデスの悲劇『バッカイ（バッコスの信女たち）』では、テバイ王ペンテウスの母親が、他の女性たちとともにディオニュソス神に魅入られ、狂乱状態に陥り、ペンテウスを殺害することになっているのだが、この劇の初演は、マケドニアのアルケラオス王の宮廷でのことであったとされている。さらに、前四世紀のマケドニア墓に実際に副葬品として収められた見事な什器には、ディオニュソスの図像が施されているものもある。しかし、たとえオリュンピアスがバッコス祭儀に実際に参加していたとしても（このことは少しも確かなことではない）、またたとえ彼女らが実際に蛇の扱いに関与していたとしても（こちらはあまりありそうにない）、オリュンピアスが蛇に憑かれていたというような最終的なイメージは、純粋な創作である。女性がバッコスの祭儀に参加することが明らかな地域では（そしてこの時代、マケドニアはこの中に含まれない）、神官を務める女性が常軌を逸した振舞をしているようには見られていなかったのである。

フィリッポスの死後、アレクサンドロスが出征している間、オリュンピアスは王太后として、マケドニア宮廷で重要な役割を担い続けていた。プルタルコスもアッリアノスも、アレクサンドロスとオリュンピアスが交わした書簡に言及している（たとえば、プルタルコス39章、アッリアノス6巻1章）（ただし、彼らが目にした文書は、一般に偽書と考えられている）。また彼女は、アレクサンドロスの摂政アンティパトロスと折り合いがよくなく、前三三〇年頃、モロッシアに帰国した可能性が考えられている。その後、アレクサンドロスが没すると、オリュンピアスの地位は、アレクサンドロスの幼い息子アレクサンドロス四世の命運に左右されることとなった。彼を支えた要人の一人として、オリュンピアスは、前三一五年、アンティパトロスの息子カッサンドロスによって処刑された。義理の母エウリュディケと同様に、オリュンピアスは、現存する叙述史料の中で否定的に描かれている。しかし、こうした語りを逆転させてオリュンピアスを力強い、独立した女性として描こうとしてみても、それは必ずしも真実に近づくことになるわけではない。エウリュディケ同様、彼女の地位は息子次第であり、のちには孫次第であった。仮に私たちが、古代の叙述によって歪曲されたイメージの裏側にある、真実の姿にたどり着くことが可能であるとして（そんなことはできないのだけれど）、そこで見出されるオリュンピアスの姿は、女傑でもなく、怪物でもない、ただ、マケドニア社会の中で女性に期待された役割、すなわち、いかなる犠牲を払っても、律儀に子供たちのために尽くす、そうした姿を見ることになりそうである。

王子生活

この数十年の間、低地マケドニア地方にある王家関連遺跡の発掘によって何より明らかにされてきたのは、アレクサンドロスが育った世界の様子であった。アレクサンドロス生誕の地は、前五世紀末以降マケドニア王家の中心であった首都ペッラであるが、しかし、現代のヴェルギナ近郊に位置するアイガイの宮廷と墳墓の発掘により、アレクサンドロス時代のマケドニアの公的世界に関して、さらに多くのことが分かるようになった。

アイガイの宮廷はおそらくフィリッポス二世によって建設された。古代都市アイガイのアクロポリスを形成する丘の斜面、岩が露出しているところに建っており、眼下に都市を見下ろしている。都市側には堂々とした立派な入り口が設えられていた。宮廷の中央には列柱で囲われた中庭があり、この中庭で王は廷臣たちに呼びかけ、廷臣たちは列柱を取り囲むいくつもの部屋で、最大三〇人までともに食事をとることができた。王宮壁面の装飾や建物の中身はもちろん残っていないものの、王宮を飾ったモザイクの床がいくらか残っており、王宮の装飾が豊かであったことを示している。しかしながら、王家の富と壮麗さを何がしか想像できるのは、ヴェルギナ・アイガイの遺跡で最も有名な遺構、マケドニアの王墓において発見された出土品からであろう。おそらくフィリッポス二世の墓を含むと考えられるこれらの墓群には、豊かな副葬品が収められており、金や象牙で飾られた家具や宝石、金細工、銀細工も含まれていた。これまでにマケドニアの他の場所でも、金や銀、青銅の容器が詰まった豊かな墓地が発掘されている。王墓には神話の場面や宮廷生活の一コマが描かれており、おそらく宮廷も同じように装飾されていたのだろう。マケドニア美術の主題の一つに、とりわけ注目に値するものがある。王による狩りの場面である。

狩り

マケドニアのエリートの生活において、狩りが重要な役割を担っていたことに疑う余地はない。ナウクラティスのアテナイオスは、自らの著作『食卓の賢人たち』において、飲食に関わるさまざまな文をいくつも収録しているが、そこには前三世紀の歴史家ヘゲサンドロスの発言が含まれている（『食卓の賢人たち』1巻18章a）。それによれば、いかなるマケドニア人も、網を使わずに野猪を仕留めない限り、晩餐の際に寝台で横になることを認められなかったという。また宮廷内でアレクサンドロスに対して企てられた計略には、狩りに関連して生じたものもある。アレクサンドロスが自ら狙っていた野猪を小姓の一人が仕留めてしまい、王がその小姓を笞打ちに処したことに端を発するのだという（アッリアノス4巻13章、クルティウス8巻6章）。野猪狩りの成功は、少年から大人になることを意味していたため、そうして大人になったばかりの若者を笞打ちに処し、名誉を傷つけたアレクサンドロスの行動は、相手をことのほか辱めるものであった。狩りはまた、マケドニア美術の主題として頻繁に用いられた。ペッラのモザイク画や、ヴェルギナ（アイガイ）の王墓で発見された非常に大きなモザイク画には、馬上で、あるいは大地に立って、獅子を狩るフィリッポスやアレクサンドロスが描かれている。当時、マケドニアに何かしらライオンの類がいたとしても、野猪狩りに比べて、獅子狩りの方が一般的だったということはないだろう。それにもかかわらず彼らが獅子の図像を用いたのは、一つには、彼らにペルシア王（そしてペルシアの王よりも前にはアッシリア王）への対抗意識があったのかもしれない。彼らは獅子狩りの場面や、王と獅子の接近戦の図（複数の獅子と対峙することもあった）によって王宮を飾り立てていた。アレクサンドロスは、アケメネス帝国の領域を進むうちに、太守やかつての王たちが作った狩猟園を訪れ、そこで実際に狩りをした。

先に見たように、マケドニア君主政の初期の歴史は、ペルシア王ダレイオス一世による北エーゲ海地方への軍事遠征と結びつけられていた。クセルクセスの遠征が不首尾に終わり、ペルシア軍がヨーロッパを去ることになった後ですらも、小アジアにあったペルシア太守の宮廷は、すぐ西方のトラキアやマケドニアの君主にとって、力強いモデルであり続けた。研究者の中には、フィリッポス二世がペルシア帝国への軍事遠征を計画したときですら、ペルシア大王の宮廷での振舞を真似て、張り合う用意があったと論じる者もいる。フィリッポスは、貴族の息子が少年期に王宮で小姓として仕え、王が狩りに出る際には伴をするという習慣を導入したが、前四世紀の歴史家クセノフォンは、ペルシア王に同じような従者がいたことを記している。アレクサンドロスは成長する間に、マケドニアを統治するためだけでなく、すでに東方の強力な帝国に対処するためにも、十分に準備を整えることができていたようである。

アレクサンドロス登極

アレクサンドロスのマケドニア宮廷での暮らしは、一旦中断することになる。父親との諍いののち、イリュリア地方に亡命したのである。父王フィリッポスが、マケドニア人女性、自らに仕える将軍の一人アッタロスの娘であるクレオパトラを、最後の妻に迎えてから間もなくのことであった。この件を伝えるプルタルコスの筆致は、アレクサンドロスの後継者としての地位が脅かされていたかのように仄めかしている〔9章〕。もっとも、これはあまりありそうなこととは思われない。アレクサンドロスはそれから間もなく、マケドニアに帰還し、自分の妹と母方の叔父、エペイロス王アレクサンドロスとの婚礼に出席できている。婚礼はアイガイで、ギリシア諸都市からの使節も招かれ、盛大に祝われた。アレクサンドロスの父フィリッポスが殺害されたのは、まさにこの婚礼のときのことであった〔ディオドロス16巻93～94章〕。犯人は逃亡前に捕縛された。フィリッポスの警護役の一人、パウサニアスなる人物であった。動機は全く個人的なものだったのかもしれない。しかしながら、この人物がより大きな陰謀の一端を担っていたとする指摘が相次ぐのは、避けられないことであった。上部マケドニア地方にあるリユンケスティス王国の有力一族に属する、ヘロメネスとアッラバイオスの兄弟が計略に関与したと糾弾され、パウサニアスとともに処刑された。ただし、彼らの兄弟であるアレクサンドロスがこれに巻き込まれることはなかった。のちにアレクサンドロス大王は、フィリッポス殺害の黒幕としてペルシア王ダレイオスを非難したとされている。たしかにフィリッポスの死はダレイオスの利益に適っているが、古代の著作家のうちでダレイオスとパウサニアスの結びつきを示唆する者は誰一人いなかったようである。別の説では、オリュンピアスが黒幕であったという。プルタルコスは当時この説が流布していたと示唆している〔10章〕。歴史家ユスティヌスは、アレクサンドロス自身が加担していたと、遠回しに述べている〔9巻7章〕。しかし、フィリッポスの死が、この時点でいかにしてアレクサンドロスの利益となったというのか、理解しがたい。また、オリュンピアスがアレクサンドロスのために、彼が知らぬ間に行動していたというのも、ありそうなことではない。今なお不明なことはいくつもあるが、ともかくも、フィリッポスの死により後に遺されたアレクサンドロスは、父親の有していたあらゆる地位・立場を継承することとなった。それは何よりマケドニア王としての地位であり、そして、前四八一年から前四七九年にわたってペルシア人によって行われた破壊活動に対する報復計画、ギリシア軍遠征計画の総指揮者としての地位であった。

第三章　戦士アレクサンドロスの軍隊

軍事の天才、馬上の英雄。本書冒頭に掲げられたアレクサンドロス・モザイクでも見たように、アレクサンドロスには雄々しい武将のイメージがつきまとう。ならば、アレクサンドロスはどのような軍隊を率い、どのように戦ったのだろうか。

本章ではまず、軍の編成について考えてみる。自軍の編成については、文献史料もどうやらある程度、信用してもよさそうである。ただし、戦闘場面には出てこない、従者や従軍商人なども数多くいたはず。さらに都市包囲戦用の攻城兵器もあった。軍事史的観点から言えば、都市包囲戦術の発展にアレクサンドロス遠征軍がもたらした貢献は、かなりのものであったらしい。

続いては、戦術。古代の戦場図、合戦図などもちまたに流布しており、関心をお持ちの読者も少なくないはず。しかしここでは合戦の様子を再現するのではなく、それらを作図するために用いられた根本の史料、すなわち「アレクサンドロスの歴史家たち」の記述に焦点を合わせている。アッリアノス『アレクサンドロス東征記』をはじめとするこれらの史料には、いったいどんな戦闘場面が描かれているのだろうか（これもぜひ原典訳書をひもといてみていただきたい）。本章では、我が国のアレクサンドロスがペルシア軍と対峙した最初の戦い「グラニコス河畔の戦い」と、

「桶狭間の戦い」にも似た「ペルシア門の戦い」を取り上げる。読み解く際には、「アレクサンドロスの歴史家たち」が、戦場での出来事をただ正確に写し取るよりも、「ローマ時代の読者たち」のためにいかに分かりやすく書き、いかに読者にアピールしようとしていたのかという点に目を向けなければならない。「物語の定型」を利用したり、よく知られた神話や歴史的事件を下敷きにして戦闘場面を描写したりすることで、彼らは当時の読者たちに一定の「アレクサンドロス・イメージ」を伝えようとしているようにも思われる。

それから「占い」「予兆」に関する叙述にも「アレクサンドロスの歴史家たち」は力を込めている。現代の軍事史家にはあまり関心を持たれそうもない些事、あるいは非現実的なことかもしれないが、戦闘にこうした記述がつきまとっていることには、いったいどのような意味があったのだろうか。

アレクサンドロスは、治世を通じて軍事遠征に従事し続けた。ペルシア帝国に対して軍を率いて行く前には、まずマケドニアの北東および西部諸地域で起こった蜂起に対処しなければならなかった。続いて対応を迫られたのはギリシア中部の都市テバイに対してであり、アレクサンドロスはこの都市を包囲し、陥落させた。アジアに渡ってからのち、アレクサンドロスはペルシア軍との間で三つの主要な会戦を戦った。グラニコス河畔の戦い（前三三四年）、イッソスの戦い（前三三三年）、そしてガウガメラの戦い（前三三一年）である。また、インドの王ポロスともヒュダスペス河畔の戦い（前三二六年）をくり広げ、さらにその他、中小の軍事衝突をいくつもくり返した。また彼は、アナトリアおよびレヴァントの西海岸地域の諸都市に対して包囲戦を行い、勝利を収めている。さらに、アフガニスタンでは長期にわたる暴動に直面し（前三二九年～前三二六年）、パキスタンではインダス渓谷沿いを行軍する間、よりいっそうの困難に見舞われた。しかし最終的に、彼はいつも成功を収めていった。彼に「不敗」の称号が添えられるようになったことは先に見た通りであるが、これはまさしく彼にふさわしい称号であった。

アレクサンドロスの指揮と軍隊に関する書物は、これまでに数多く執筆され、さまざまな戦闘の合戦図も添えられてきた。しかしながら、それらの説明や合戦図の元となっている史料は、決して扱いやすいものではなく、アレクサンドロスの事績に関しては推測によるところが少なくない。たしかにアッリアノスの場合、自ら軍事指揮の経験もあり、また戦術に関する作品も執筆していたが、そうは言っても、アレクサンドロスの戦闘や包囲戦に関する古代の記述は、概して部隊編成や指揮系統の詳細にはあまり注意を払っておらず、それよりもむしろいくつかの、いささか分かりにくい側面を明らかにすることに大きな関心を向けていた。

軍

アレクサンドロスの軍隊に関わる基本的な情報のうち、いくつかは信用に足るものとみなすことができる。彼は、およそ三万二〇〇〇人の歩兵と五〇〇〇の騎兵とともに軍事遠征を開始すべく、アジアへ渡った。そこで彼は、二年前フィリッポスが派遣していた、およそ一万の軍と合流した。歩兵七〇〇〇、騎兵六〇〇がコリントス同盟に加盟するギリシア諸都市から従軍し、さらにギリシア人傭兵は五〇〇〇人、残りはマケドニアおよび同盟諸国から参戦した〔ディオドロス17巻17章、プルタルコス15章〕。ギリシア諸都市は、アレクサンドロスの艦隊に対して軍船も提供したが、その年が終わる前に彼はこれを解散することとなる。遠征が続くうち、アレクサンドロスは病気、戦闘や包囲戦による死傷、そして退役により戦力を失っていった。しかし、マケドニアおよびギリシアからは定期的に増援部隊が供給されており、後になると、新たに支配下に収めた自らの帝国のうちから増援を得ることになった。軍隊の規模に関する古代の叙述は、およそ一貫した数値を提示しており、全般に信用できる。しかし、彼が相対した軍勢の規模については、そうはいかない。たとえば、アレクサンドロスとダレイオス三世が再び、そして最後に相見えたガウガメラの戦いにおいて、参戦したペルシアの軍勢は、歩兵が二〇万から一〇〇万、騎兵が四万から二〇万と、提示される数値に幅がある。現代の著作家は一般に、全軍で一〇万以下というのが妥当な数値と考えている。

アレクサンドロスは父親フィリッポスから軍隊を継承している。その基本的な要素は古代の作家たちによって言及されており、およその構成を理解することは可能である。考古学的証拠、とりわけ副葬品もまた、武具や防具の理解に役立つ。騎兵は槍で武装した（しかし騎乗に鐙《あぶみ》は用いず、このため突撃時に加えられる衝撃は限定的なものであった）。歩兵の中核は、いわゆるマケドニア式ファランクス（密集戦隊）であり、サリッサと呼ばれる六メートルの長槍で武装した。また一般に考えられているところでは、彼らの側面には、ギリシア都市国家の重装歩兵と同じように、槍や剣で武装し、大きな丸楯で防備した兵士たちが配置されていた。これらに加え、投槍や弓、あるいは投石具で武装した軽装兵部隊もあった。しかし、さらに詳しく特定していこうとすると、問題に突き当たることになる。古代の著作家たちは、より詳細な部隊の名前を各処で記してはいるのだが、それが何なのか説明を加えないことも多く、おそらく同じ名前を異なる部隊に用いたり、同じ部隊に異なる名前を当てたりすることもあったように思われる。密集戦隊を構成する兵士は、ペゼタイロイ（「足・仲間」の意味）と呼ばれるが、アステタイロイと言及しているものもある。この言葉が意味するところは明確ではない。同様に重装歩兵は、ヒュパスピスタイ（「盾持ち」）と呼ばれていたのかもしれないが、遠征の終盤になると、アルギュラスピデス（「銀楯」）という呼称も見られる。これは重装歩兵の精鋭部隊だったのかもしれないし、あるいは何か別のものなのかもしれない。このような不明確さがあっても、戦闘を再現するのにはさして支障はないのだが、これらの不明な用語の意味を解明しようとして、小規模な学問領域までが成立している。

古代の軍隊は、兵士ばかりで構成されていたわけではない。遠征に随行する者たちが、古代の著作に言及されることもある。たとえば、騎兵にはいつでも従者がつきものであった。フィリッポスは歩兵について、兵士一〇人に対して従者一人と制限をかけていたとされるが、部隊長などになればもっと多くの従者を利用できたであろう。また、遠征が進めば兵士たちは戦利品を手に入れたであろうし、それらを含めて面倒を見るための奴隷も必要であった。この他に、間違いなく、数多くの随行者たちがいた。

彼らは食料や賃金を得て、実にさまざまなサービスを提供した。荷物の量や取り巻きの数を削減する試みはたびたび行われていたが、戦争は財産獲得の一方策として広く認知されていたため、たいていは、遠征に随行する者の方が、兵士よりも多かったに違いない。

包囲戦

アレクサンドロスの軍には攻城機群も導入されていた。戦争技術の中でも、これはアレクサンドロスによって著しく発展した側面であるらしい。投石機、破城槌、攻城塔が、分解され、ラバの荷車に乗せられ、残りの荷車群とともに兵士たちの後をついていったようである。これらを用い、七か月にわたってくり広げられたテュロス（ティルス）包囲戦（前三三二年）は、彼の偉業の中でも古代においてとりわけ賞讃された作戦であった。今日、私たちがこの軍事作戦について詳細な叙述を手にしているということ自体が、評判の高さを物語っている。それは現存する歴史書ばかりではなく〔たとえば、アッリアノス2巻18～24章、プルタルコス24章〕、アレクサンドロス伝の俗説普及版『アレクサンドロス・ロマンス』にも記されており、後者は絶えず潤色されながら、古代および中世世界に広く流布していった。アレクサンドロスの作戦のうち、その痕跡を景観の中にとこしえに留めているものが一つある。古代都市テュロスは、レバノン沿岸の島に建設されており、包囲戦の間、アレクサンドロスは、その島に渡る土手道を敷設しようとした。これは最終的に完成を見ることはなかったものの、やがて島と本土の間で土砂の堆積を招き、今や古代都市テュロスは、現状のように、本土の一部となっている。

戦闘

アレクサンドロスの戦闘を再構成するとなれば、現存史料に記された記述から始めることになるが、実見することで補うこともできる。近代・現代の作家たちは戦場を訪問したものであった。もっとも古代の地形記述は必ずしも正確というわけではなく、場合によっては、遭遇戦が行われた場所を特定するのが難しいということも分かってきている。たとえば、「ペルシア門」。アレクサンドロスがザグロス山脈を越え、パサルガダエおよびペルセポリスに進軍しようとするところを、アケメネス軍が防ごうとした場所である。これについては、これまで納得できるような位置特定がなされたことがない。しかし、たとえある戦闘について複数の記述が伝存しており、さらに戦場に関して十分な情報を持ち合わせていたとしても、戦闘を詳細に再構成しようとなると、どうしても重大な問題に直面することになる。アッリアノスやプルタルコスが典拠の一つとする歴史家プトレマイオスは、おそらく遠征中の主要な戦闘すべてに参加している。しかしだからと言って、彼がきちんとした情報源であるとは必ずしも言えないだろう。騎兵隊の中のどこか、自分が配置された一つの場所から目に映ったものは、軍事活動全体からすれば一部に過ぎないであろうし、その多くは入り乱れ、理解を混乱させるようなものであっただろう。しかし何にせよ、プトレマイオスは状況を再構成する際、自分の記憶を主たる頼りとしてはいなかったらしい。おそらく彼は、アレクサンドロスの「公認歴史家」カリステネスの記述に基づいて戦闘を叙述していた。たしかにカリステネスは戦闘を遠くから眺めていたのかもしれず、また参戦した者たちと幅広く会話をすることもできたのだろう。しかし、カリステネスは正確さを一番に考えていたのではなかったのかもしれない。アレクサンドロスがペルシア軍に対峙した最初の戦闘、グラニコス河畔の戦いに関する叙述から考えてみよう。

グラニコス河畔の戦い

アッリアノスとプルタルコスが伝えるところでは、アレクサンドロスは、小アジアの都市トロイア〔神話に語られ、ホメロスの叙事詩に謳われたトロイア戦争の舞台とされる場所〕を訪ね、英雄アキレウスの墓を詣で、さらにアテナ女神の神殿からトロイア戦争で使用されたという盾を持ち出し、グラニコス川へと進軍した。そこでアレクサンドロスが目にしたものは、対岸に構える敵軍、現地の太守に率いられたペルシア軍の姿であった〔アッリアノス1巻12〜16章、プルタルコス15〜16章〕。相手方が押さえている対岸の土手は、高く、傾斜も急である。老将パルメニオンは、夜明けまで攻撃を延期するよう助言した。だがアレクサンドロスは、あのヘッレスポントス〔ダーダネルス海峡〕を渡ってきたというのに、ここでグラニコスのせせらぎなどに阻まれでもしたら、ヘッレスポントスが恥じ入ることになるだろうと応じて、自ら軍を率いて川に突入させ、ペルシア軍に対する攻撃を開始した。続いて何が起こったのか。これについては、アッリアノスの方がいくぶん詳しく説明しているものの、いずれの著作家とも、アレクサンドロスが対岸にたどり着いたのち、応戦し、次々に手にかけていったペルシア人の名前をずらりと挙げている。アレクサンドロスの戦いの中でも、この戦いが最も再構成しにくいものとされている。というのも、叙述がいささか曖昧であるし、またアレクサンドロスの一連の戦闘が、何よりホメロスの叙事詩『イリアス』の一節によく似ていると、研究者たちによって指摘されているからでもある。ホメロスの叙事詩に似ているというのは、実際のところ、意図的なものだったのかもしれない。とりわけ、この記述が「公認歴史家」カリステネスのものに従っているとするなら、なおさらのことである。『イリアス』の中で、アキレウスが戦闘する一日を叙述するにあたり、ホメロスはそのはじまりの方で、この英雄がトロイア軍を追撃する際にスカマンドロス川に飛び込み、川そのものと格闘した様子を描いている〔21歌120～383行〕。そしてアレクサンドロスは、この英雄アキレウスの末裔であると主張している。となれば、カリステネスが描く戦闘場面――先ずは川への飛び込み、そして一騎打ちの連続――は、正確に伝えようとすることにどれだけ関心があるにしても、それ以上に、二人の英雄の関係を浮き彫りにしようという願望に駆られたものだったと考えられる。他方、ディオドロスの叙述は、他の著者とはやや異なる〔17巻19～21章〕。アレクサンドロスは川の近くで一晩野営をしたのち、早朝、反撃を受けることなく軍を渡河させ、対岸の土の上で戦うことになっている。ディオドロスの情報源が何であるにせよ、この場合、こちらの方が真実に近いのかもしれない。

もしもディオドロスの方が正確だとすると、別の伝承に含まれるいくつかの要素が不正確なものとして退けられねばならないことになる。その一つが、渡河攻撃を開始する方策について、アレクサンドロスとパルメニオンが交わしたやり取りである。現存する叙述の中で、両者のそうしたやり取りを記したものもいくつかあり、基本的にパターンが決まっている。パルメニオンがアレクサンドロスに、用心深くも、賢明な助言を送る。しかし彼はこれを却下し、結果、アレクサンドロスの方が正しかったということになる。また、この二人のやり取りは、しばしば機知を示す場面となっている。ダレイオスがアレクサンドロスに講和条件を提示する書簡を送ったところ、パルメニオンは「私ならば、受諾するでしょう」と発言した。これに対してアレクサンドロスは、「私とて、そなたの立場なら、そうしよう」と返したとされている〔プルタルコス29章。つまり、アレクサンドロスは、自分はパルメニオンの意見に従わないと、ウィットを効かせて答えている〕。この物語を、両者の間に亀裂ができつつあることの現れだと推測する者もいるが、そう考える特段の理由はない。たしかにアレクサンドロスは、パルメニオンの息子が謀反を計画していた廉で告発されたのち、父親パルメニオンを殺害させることとなる。しかし、その時点までずっとパルメニオンは助言者として信頼され続けており、アレクサンドロスからたっぷりと褒賞を下賜されていた。これらはある種の決まった物語、「よき助言者」の物語の実例とみなすべきである。これらの物語は、年長の人物が若き支配者に助言を送る場面を描いている。たとえばヘロドトスの『歴史』の中では、若きペルシア王キュロスが、先のリュディア王クロイソスから助言を受けている。またペルシア王クセルクセスは、おじアルタバノスと元スパルタ王デマラトスから助言を得ている。若者は通常、利口であれば、助言を受け入れ、成功し、愚者であれば、拒絶して、苦しむ。しかし、アレクサンドロスにまつわる話の場合は、この定型を逆転させている。彼は助言を拒絶した上でなお成功し、彼が真に例外的な支配者であることを明らかにしているのである。古代の作家たちは、アレクサンドロスの性格について、自分たちの理解を具体的に示すために、ときに真実を犠牲にしてまでこのような物語の定型を利用しているのである。アレクサンドロスの武勲を高める方法は他にもあった。クセルクセスによるギリシア侵攻の物語はとりわけヘロドトスが詳細に伝えているが、アレクサンドロスの歴史家たちは、これを利用して二人の指揮官を対照的に描くこともできたのである。アレクサンドロスによるファルス地方進攻に関する叙述は、この点が大変明白である。ペルセポリスの都市と宮殿が位置するこの地方に、遠征軍は「ペルシア門」として知られるザグロス山脈の細道を通り抜けてゆくことになる。

ペルシア門

かつてペルシア王クセルクセスが前四八〇年にギリシアを通過し、アテナイに進軍した際、足止めが可能だったのは、ただ一か所、中部ギリシアのテルモピュライ、山脈と海に挟まれた、その隘路だけであった。名前は「熱門」を意味し、地元に湧く温泉に由来した。ヘロドトスは、スパルタ王レオニダスとスパルタの重装歩兵三〇〇人が、五〇〇〇人ほどの他国軍に支援されつつ、いかにその隘路を防衛したのかを記している〔7巻201～233章〕。それによれば、スパルタ兵はこの場所で、いつまでも抗戦できたはずであったものの、エフィアルテスなる地元住民の裏切りに遭ってしまう。彼の手で誘導されたクセルクセス軍の一部隊は、あまり知られていない間道を抜け、スパルタ軍の背後を取った。戦闘三日目、レオニダスは自軍が包囲されていることを知り、そして戦場に散った。クセルクセスの勝利は、アテナイに向かう道を切り開き、ペルシア軍は程なく同市の陥落に成功した。テルモピュライでの戦闘はスパルタの敗北、しかも回避可能な敗北であった。レオニダスは間道のことを知っていたのだが、防護策を適切に講じなかったのである。しかし、この戦いはすぐさま、英雄的な自己犠牲の例とみなされるようになった。テルモピュライの戦闘から五〇年後、ヘロドトスによってそのように書き記され、そのような形で民衆文化の中に入り込んでいった。しかしその叙述もまた、再利用されることとなった。

アレクサンドロスの歴史家たちは皆、メソポタミアからザグロス山脈を抜けてファルス地方に向かう進軍の様子を描いている。アレクサンドロス軍は、ペルシアの将軍アリオバルザネスが待ち構える隘路を進んでゆく。歴史家ディオドロスはここを「スシアの岩場」と呼ぶが、アッリアノスは「ペルシア門」と呼んでいる〔ディオドロス17巻68章、アッリアノス3巻18章〕。熱門《テルモピュライ》のレオニダスさながらに、アリオバルザネスは自軍を防衛すべく、道に壁を築いた。しかし彼の軍隊は、熱門のスパルタ軍に比べるとはるかに大規模であり、ディオドロスによれば歩兵二万五〇〇〇人、アッリアノスによれば四万人を擁していたという（もっとも、いつものことながらこうした数値は信憑性が低く、信じがたいほど高い数値が提示されているのだが）。著作家たちは、アレクサンドロスがクセルクセスと同じく、初めは正面攻撃を仕掛けて敵軍突破を試みたものの、これに失敗し、その後、地元民からの話を聞き、山あいの間道を抜けてペルシア軍の背後に出たと記している。続く戦闘でペルシア軍が敗北すると、アリオバルザネスの方は、レオニダスとは異なり、敗走していった。以上がペルセポリスへ向かう途中、アレクサンドロスが戦った最後の遭遇戦であった。こののちペルセポリスは、かつてクセルクセス王がテルモピュライの戦いの後にアテナイを陥落させたことの報復として、アレクサンドロスによって破壊されることになる（本書第六章）。熱門の戦いとペルシア門の戦い、両者の叙述はあまりに似通っており、とても偶然とは考えられない。ザグロス山脈で実際に何が起こっていたにせよ、クセルクセスのギリシアにおける唯一の勝利を見事に逆転させる形でこの戦いを表現することが、著作家たちのお気に入りだったことは明らかである。

予　兆

古代の著作家の関心が、現代の後継者たちと異なるところは、他にもある。戦争に関する超自然的な側面への関心である。現代、学問領域としての軍事史は、実用的な問題に焦点を合わせる傾向にある。対峙する両軍の兵力と質の比較、地形の性質、兵站組織、指揮官および部下たちの能力といった問題が扱われる。これに対してアレクサンドロスの遠征に関する古代の叙述は、こういった点について、ときにもどかしく思うほど詳細な情報を欠いている。しかし、予兆や占者の助言については概して饒舌である。ここには古代の戦争に関する重要な事実が反映している。全般に戦争は不確定なものであるために、古代の軍事指導者たちは占者をかなり多用し、人間がもたらすことのできない情報を求めて神々に頼った。その結果、優秀なマンテイス（占者）ということは、すなわち、次の行動がどのような結末に至るのか、正しく助言する能力があったというばかりではなく、勝利者側についていたという実績もあったことになり、高く評価され、仕えている人物や雇われた共同体から膨大な報酬も期待できた。

アレクサンドロスの遠征について記した現存の史料、とりわけアッリアノスの中では、テルメッソス出身のアリスタンドロスという占者が、卓越した働きを見せている。彼の卜占は実に多岐にわたり、犠牲獣の内臓から鳥の動き、夢、蝕などの天体の動き、そして汗をかく彫像などの超常現象に至るまで、さまざまな解釈を行った。これらの手がかりはいずれも占者であれば、ごく一般的に用いるようなものであったが、語られる物語の方は、注意して取り扱う必要がある。予言が常に何かしらの方法で成就するというのが、歴史叙述も含めた、古代の物語叙述の特徴なのである。アッリアノスおよびプルタルコスの記述では、どれほどありそうもないことであっても、アリスタンドロスの予言はいつでも現実のものとなっている。これらの記事が、主にアレクサンドロスに関して何がしかの主張をするために収録されていることは明らかである。すなわち、最も偉大な将軍には、最も偉大な占者が付き添うのがふさわしく、それゆえアリスタンドロスの完璧な予言の記録は、アレクサンドロス自身の不敗記録を写し取ったものなのである。アリスタンドロスは、アレクサンドロスの晩年に関する叙述には登場しない。おそらく遠征の途上、実際に死亡していたのだろう。しかし、ひとたびアリスタンドロスが物語から姿を消すや、アレクサンドロスは自らの死を知らせる予兆を目撃し始める。すべてがその時点で理解されるわけではないのだけれど。

遠征

アレクサンドロスのアジア遠征は、明確に二つの段階に分けられる。第一段階で、彼はアケメネス朝の桎梏からアジアのギリシア諸都市を解き放つため、そして一五〇年前に行われたペルシア王クセルクセスのギリシア侵略に対する報復のため、ギリシア諸都市連合軍の総指揮者として活躍した。第一の目的、ギリシア諸都市の解放は、前三三四年、すなわち遠征の初年度に、小アジアを南進した際、軍を東方に向け、アナトリア中央部に向かうまでに、およそ達成されていた。中には、解放されたものの、翌年、再びペルシアの手に落ちるものもあった。しかしアレクサンドロスはこれに対処すべく、軍隊を派遣し、前三三二年の終わりまでには、この地域におけるペルシアの勢力は完全に潰えた。ペルシアに対する報復は最終的に、ファルス地方のペルセポリスおよび王宮の破壊という形をとった。アレクサンドロスがそこに至る進路は決して直線的なものではなかったが、軍事的に理解できるものであった。相手方の王ダレイオスが、領土防衛のためにとった行動に規定されるところもあった。アレクサンドロスは遠征開始から程なく、自軍の艦隊を大部分解散させてしまっており、それゆえダレイオスが海軍力を使用できないように対処する必要があった。これは、地中海の東部沿岸地帯にある主要港を支配下に収めることで成し遂げられた。アレクサンドロスの歴史家たちは、遠征に関するアレクサンドロスの決定に対して補足説明を記しており、それらはしばしばアレクサンドロスの個人的願望という観点から説明されている。なるほど、正確な説明なのかもしれない。しかし、彼らはアレクサンドロスの心の動きを、いったいどうやって摑んだのだろう。その点は定かではない。地中海岸を南下して、アレクサンドロスはエジプトに進軍した。エジプトへの進攻は、アレクサンドロスをダレイオス、そしてファルスから遠ざけることにはなったが、豊かなエジプト王国をダレイオスの帝国から引き離すことになったため、遠回りをするだけの価値は十分にあっただろう。前三三一年の初め、アレクサンドロスは、一度エジプトを出立するや、進路はほぼまっすぐに、ティグリス・ユーフラテスへと向かい、続いてメソポタミアを南下し、バビロンとスサの王宮を経由して、ザグロス山脈を越え、ファルスへと進攻した。アレクサンドロスは、エジプトを発って一年もしないうちにペルセポリスに入城し、数か月後には王宮を破壊した。これが連合軍による遠征の終わりを示していたことは、アレクサンドロスの次の行動から明らかである。彼は、十分な報償を与えた上で、連合軍の部隊を帰国させた。しかし彼は、ギリシア人のうち希望する者には、傭兵として再度登録することを認めた。したがって、前三三〇年の夏にペルセポリスから出立した軍隊は、今やアレクサンドロス個人の目的を達成するためだけのものとなっていた。

遠征第二部において、アレクサンドロスはまず、すでに二度勝利を収めているダレイオスの追跡を行った。このダレイオスが、配下の一人ベッソスの指示で暗殺されると、今度はベッソスがアレクサンドロスの新しい攻撃目標となった。追跡の結果、アレクサンドロスはバクトリア地方、ソグディアナ地方にまで到達した。帝国の北東の隅のこと、地元有力者たちが体制の変化をなかなか受け入れられずにいたため、アレクサンドロスはこの地域を平定するのに三年を要した。続いてアレクサンドロスは南を目指し、パンジャーブ地方、インダス渓谷へと動きだした。これは新しい遠征と見るべきである。前三三四年の春にアレクサンドロスとともにダーダネルス海峡を渡った兵のうち、八年後、どれだけが彼とともに行軍を続けていたのか、知る術はない。この間、負傷兵や高齢の兵たちは帰国させられ、マケドニアからの援軍と交代させられていたことであろう。古参の将校は大半が死亡していたか、はるか西方の地点に留め置かれていた一方で、アレクサンドロスの若き側近・朋友たちは、彼とともに行軍を続けた。インド遠征により、アレクサンドロスは川を下り、インダス川デルタ地帯へと到達し、初めて大きな潮汐のある大洋を目にした。最終局面は、南イランを通過する、ファルス地方への帰還であった。軍船一隻も海路、ペルシア湾を遡行し、南メソポタミアへ帰港していった。そしてアレクサンドロスは、人生最後の一八か月を、現在西イラン・東イラクと呼ばれる地域で過ごした。

本書では、これ以降、遠征について詳細に叙述することはしない。以下の各章は、およそ時系列に沿って構成してはいるが、むしろそれぞれテーマごとにまとめたものである。そして、同時代の素材を使って、アレクサンドロスがいかなる世界、いかなる環境の中で遠征を行っていたのかを示してゆく。アレクサンドロスの遠征を時間的、空間的に追いかけるのには、本書冒頭に掲げた地図と年表を利用するのが最も簡便である。

第四章　指揮官　アレクサンドロスとギリシア人

　紀元前八世紀末以降、エーゲ海周辺のそこかしこにギリシア人による都市国家《ポリス》がいくつも建国されていった。これら都市国家はそれぞれ独立し、自らの法・制度に従って自由に国家運営を行っていた。彼らは外交上、恒常的に相争い、また合従連衡をくり返した。武力衝突に至ることもままあった。やがて力を蓄えて、ギリシア世界に覇を唱えるものも現れた。パルテノン神殿で名高いアテナイも、武勲で知られたスパルタも、古典期（前五〜前四世紀）には覇権を握り、他都市を抑圧した都市国家であった。やがて前三三八年、カイロネイアの戦いを経て、スパルタを除くギリシア世界は、マケドニア王フィリッポス二世の軍門に降ることとなる。それから数年、フィリッポスが亡くなると、アレクサンドロスはマケドニア王国を継承し、さらにギリシア諸都市に対する実質的支配権も引き継いだ。覇王アレクサンドロスは、これらギリシア諸都市をどのように扱ったのであろうか。

　本章では主として「碑文」を手掛かりに、ギリシア世界の覇者アレクサンドロスの実像に迫ってゆく。アレクサンドロスとギリシア諸都市が結んだ協定、あるいは各都市国家が自ら定めた政治・行政・宗教に関する決議など、種々の公的取り決めが、この時期、ギリシア世界各地でさかんに石に刻まれるようになっていた。当時の様子を直接的に今に伝える、貴重な同時代史料である。こうした碑文史料と歴史叙述を付き合わせてみることで、前四世紀のリアルな姿が（一側面であるとは言え）浮かび上がってくる。注目するのは、諸都市の「自治」が維持されていたのか否か。言いかえれば、アレクサンドロスによる強圧的、抑圧的な支配が行われていたのか、いなかったのかという問題である。この点を具体的に考えてゆくため、本章ではコリントス同盟規約に反して蜂起したテバイに対する徹底的な処分、ペルシア支配下にあった小アジアのギリシア都市に対する対応、そして大王の抑圧的な政策としてしばしば引き合いに出される亡命者復帰令などが取り上げられる。アレクサンドロスの振舞は、かつてのアテナイ、スパルタとどれほど違っていたのだろうか。大王の行動は、どのような点に配慮したものだったのだろうか。そしてギリシア都市側は、覇王に対してどのような行動に出たのであろうか。

前三三八年、カイロネイアの戦いでアレクサンドロスの父フィリッポスは、マケドニアをエーゲ海西方のギリシア世界における覇権国家として確立した。フィリッポスが計画したアケメネス帝国に対する軍事遠征は、アレクサンドロスにより実行されたが、その表向きの目的はエーゲ海東岸にあるギリシア諸都市をペルシアの支配から解放することにあった。実際のところ、アレクサンドロスの進軍はギリシア人の世界をはるかに超え、近東の諸王国を支配するまでに至ったものの、アレクサンドロスとギリシア人の関係は、彼の統治を確実なものとするのに決定的な重要性をなお持ち続けた。我々は、アレクサンドロスの生涯を記した物語的叙述から、彼がギリシア諸都市をいかに扱ったのか、何がしか知ることができる。そして古代の弁論家たちも現代の研究者たちも、アレクサンドロスが解放者なのか、抑圧者なのかという問題について議論を交わし続けている。本章では、この問題をもう少しよく理解するために、物語叙述を超えて、同時代のギリシア諸都市が自ら設置した碑文を手掛かりとして、そこから、アレクサンドロスの行動やその衝撃についてどのようなことが分かるのか、考えてみることとしたい。

自治と統制

アレクサンドロスとギリシア諸都市の関係を理解するためには、二つの中心的な問題を意識することが重要である。一つ目は、アウトノミア（自治）という単語の意味である。これは古代ギリシアの政治用語の中で重要な位置を占めた要素である。もう一つは、党派抗争や対抗関係の存在である。これらは当時、およそどのギリシア都市においても政治生活につきもののことであった。

アウトノミアは「独立」と同じではない。これは都市国家が自らの法に基づいて運営されている状態を指す言葉であり、したがって外部勢力との関わりよりもむしろ国内行政に関係している。しかし、ある都市が自治を保っているか否かは、視点の問題だったのかもしれない。小アジアのギリシア諸都市は、前六世紀の半ば以来、リュディア人、ペルシア人、アテナイ人、スパルタ人、そして再びペルシア人に服従してきた。前五世紀、アテナイの同盟国として（あるいは、より否定的な視点からすれば、アテナイ帝国の一員として（前五世紀、都市国家アテナイを中心に多くの国がデロス同盟を結成したが、アテナイが支配的な力を振るうこととなり、現代の研究者から「アテナイ帝国」と呼ばれることとなる〕、これらの諸都市は、自治を保っていると称することも可能であった。しかしその場合の自治は、アテナイの海軍力によって保障されていたに過ぎず、潜在的にはアテナイの駐留軍の存在によって守られていたに過ぎない。都市から亡命した者たちがペルシアからの支援を受け、権力を奪い返そうとするのではないか——そのような脅威から都市の自治（親アテナイ派政治指導者の定義によれば）を守るために駐留軍が配備されていたのである。もっとも親ペルシア市民（あるいは元市民）の視点からすれば、駐留軍の存在こそが自治を失ったことの証であっただろう。いずれにしても、これらの都市には外部の影響力から完全に独立するという選択肢はなかった。真に独立していると言えるギリシア都市は、ごくわずかに過ぎなかった。前三三八年のカイロネイアの戦いまで、アテナイ、テバイ、スパルタはそうした例外的な存在であり、これらの諸都市とマケドニア王との関係は、それ以降も他の諸都市とはいくぶん異なるものであり続けた。

競争は、古代ギリシア世界に生きる者にとって中心的な要素であった。ホメロスの叙事詩以来、名声をめぐる対抗関係は、富裕で影響力のある共同体構成員たちを突き動かす原動力であった。都市国家の制度的発展、とりわけ民会と法廷に関する発展は、こうした競争を弱めるものではいっさいなく、むしろ競争が行われる舞台を提供し、競争を行うため、より明確なルールを提供するものであった。ギリシア諸都市における政治的分裂は、政治的な主義主張によって決定されるというよりも、むしろ個々人の私的な野心によるものであった。「民主的」「寡頭的」という用語は、歴史家や哲学者たちが内乱について議論する際に用いていたものだが、これらでさえもたいていは〔理念や制度ではなく〕より現実に即した違い〔前五世紀であれば、アテナイに支援されているか、スパルタに支援されているかといった違い〕を表現していたに過ぎない。ペロポネソス戦争の初期にコルキュラで生じた内戦を劇的に描き出す、歴史家トゥキュディデスもそのことを示している〔3巻69〜85章〕。中小の都市では、指導者になろうとする野心的な者たちが、大都市から財政的、あるいはときに軍事的支援を得ようと求めるのは、当たり前のことであった。アテナイでさえ、指導的政治家は外部勢力から金銭を受け取るのにやぶさかではなかった。前四世紀後半ならば、対立する民衆指導者同士がそれぞれフィリッポス二世、ペルシア王から金銭を受け取っていたことだろう。

こうした権力をめぐる対抗関係から発展して、政治亡命が生ずることは避け難いことであった。敗北した党派はいつでも、自国の利に反する活動をしていたものとして有罪判決を受け、都市から亡命することになった。さもなければ、審理を受けた結果か否かはともかく、処刑される危険を回避するために国外へと退去していたことだろう。財産を奪われた彼らは、自国への帰還を画策しつつ、他市にいる友人〔賓客〕からの支援を求めるか、あるいは歓迎されないほど長い滞在になった場合には、傭兵として働こうとしたかもしれない。亡命は、共同体の中でも比較的富裕な社会層が経験するものであった。それより低い層は、たとえ民主政下であっても、政治生活の中でより受動的な役割しか果たさなかった。

コリントス同盟

フィリッポスは、カイロネイアの戦いでテバイ・アテナイ軍を破ったが、その後、彼がこの二都市に対して取った態度は、いささか異なるものであった。合意を反故にした旧同盟国テバイに対しては、マケドニア軍を駐留させ、さらにマケドニアに敵対的な政治指導者を亡命に追いやったと想定されている。アテナイに関しては、弁論家デマデスが弁護をした結果、政治家が放逐されることはなく、駐留軍が配されることもなかった。アテナイはフィリッポスの同盟国となり、軍事行動の自由に制限が加えられることになりはしたものの、これによって以前と同様、自治を保ったままでいられることが明確にされた。

翌年、スパルタを除くギリシア諸都市との間に、より包括的な合意が締結された。その詳しい内容は、一部だが、アテナイ出土の碑文から知られている。ここで合意されたのは「コリントス同盟」として知られるものであり、フィリッポスが指揮するペルシア遠征のための同盟軍創設にも関わっていた。数年後、アテナイで行われたある演説（政治家デモステネスに帰されているが、実際には彼のものではない）によれば、同盟条約は「ギリシア人は自由かつ自治を保つものとする」という条項から始まっていたという〔17番弁論8節〕。断片的ながら現存している関連碑文に、ギリシア諸都市によって立てられた宣誓が、合意の一部として刻まれている〔ギリシア碑文集成2巻3版1、318番。ただし、碑文欠損部を現代の研究者がかなり補っており、以下はそれに従っている〕。彼らが誓ったのは、同盟諸国の国制に干渉しないこと／同盟諸国の領土に手をかけたり、武器をとったり、あるいはフィリッポスならびにその子孫たちの王国を転覆させたりしないこと／同盟国が攻撃を受けた場合、同盟諸国はその国のために戦うこと、といったものであった。また同盟評議会にも言及しており（いずれかの同盟加盟国が合意事項に違反したと判断された場合、招集することができた）、そしてフィリッポスをヘゲモン、すなわち同盟の盟主としている。フィリッポスとその後継者たちが行くと決めれば、同盟諸国はそこについて行かなければならなかったことだろう。アレクサンドロス治世の初期に刻まれた、さらにずっと断片的な碑文には、遠征中、アテナイ人が提供した部隊に対して、アテナイ人とアレクサンドロスが何を提供することになっていたのか、詳細が記録されている〔ギリシア碑文集成2巻3版1、443番〕。この碑文もやはり欠損がかなり激しく、内容を理解するにはかなり補って考える必要がある〕。フィリッポスが暗殺されると、アレクサンドロスは迅速に行動し、すぐさま同盟条約を更新したわけだが、翌年、これが試されることとなる。アレクサンドロスが北方の辺境を固めている間に、テバイが叛旗を翻したのである。

テバイ陥落

テバイ蜂起については、ディオドロスとアッリアノスが記した詳細な記述が現代まで伝わっている〔ディオドロス17巻8～14章、アッリアノス1巻7～8章〕。両者に食い違いはあるものの、蜂起の経過が記されており、前五世紀、アテナイに対する叛乱についてトゥキュディデスが記したのと大変よく似た、典型的な道をたどっていたことが明らかにされている。蜂起の引き金となったのは亡命者の到来であった。亡命者たちはどうやらペルシアの資金によって支援されていたらしい。カイロネイアの戦い以降、同国を牛耳っていた親マケドニア派の政治家たちが、これらの亡命者により殺害された。テバイ市民団とアレクサンドロスの対立は避け難いものとなった。新たな政治指導者たちが他市に支援を呼びかける機会を得る間も無く、アレクサンドロスはテバイの目前に迫った。そこから一気に包囲戦を済ませると、続いてアレクサンドロスがとった行動は、コリントス同盟の規約に従ってテバイ人をいかに扱うべきか、同盟評議会に決定を委ねることであった。叛乱を企てた都市に懲罰を加えるべきだという提案に、各国の代表が支持を与えるのは避けがたい情勢にあった。その後、テバイは破壊されることとなる。たしかにこれは暴力的な行為であったが、しかし前五世紀にアテナイが他のギリシア諸都市に対してとった行動に比べて、大きく変わるようなものではなかった。

小アジア諸都市と東エーゲ海の島嶼部

明くる春、アレクサンドロスがアジアに軍を率いて行って初めに手がけたのは、現地のギリシア諸都市をペルシア王から引き離し、支配下に収めることであった。これは単純な作業ではなかった。いったい、どのような展開を迎えたのだろうか。レスボス島のミュティレネ市が経験したことを検討すれば、その一端を理解することができるだろう。これについては現存する叙述史料の記述、そして事態の決着を記録した碑文から情報を得て、再構成することが可能である。ちょうど、ミュティレネ市が前四二八年～前四二七年にアテナイから離叛した際、同国の人々が直面した困難について、トゥキュディデスが詳細に記述している〔3巻2～50章〕。叛乱は失敗した。アテナイがミュティレネに同盟復帰を強要しようと艦隊を派遣したところ、ミュティレネ市民団の大半がこれに抵抗しようと熱意を示すことはなかったのである。それから一〇〇年足らずのうちに、彼らは同じような状況に直面した。前四世紀の前半にギリシア諸都市とペルシア王との間で締結された協定により、小アジアにある諸都市の支配権はペルシア王のものとなっていた。これは、少なくともペルシア王には〔前四世紀の後半になっても〕なお有効であると考えられていた。島嶼部は対象外であったが、ペルシア人がその支配を狙っていた、あるいは支配権を保持しようとしていたのは明白であった。

前三三四年、アレクサンドロスはアジア遠征を行った際、レスボス島諸都市の有力者たちとある種の合意を交わし、当時ミュティレネ市を掌握していた親アレクサンドロス派の者たちを支援するために、傭兵部隊を駐留軍として派遣した。翌春、ペルシア海軍がレスボス沖に到着し、他の都市に対してペルシア側につくよう説得した。ミュティレネは、包囲戦の末にペルシア人を受け入れ、アレクサンドロスに派遣された傭兵たちを追い払うことに同意した。さらに彼らは、アレクサンドロスとの合意内容が記された碑文を破壊すること、すなわち協定の破棄を受諾した。ペルシア艦隊の戦力を考えれば、実際上、ミュティレネ市民に選択の余地はほとんど残されていなかった。市民たちはまた、亡命者を市内に復帰させることにも同意し（アレクサンドロス軍が到来した際、おそらくミュティレネ市を離れていたのだろう）、さらにこの亡命者たちに対して、亡命時に所持していた財産の半分を返還することにも合意した。残り半分はおそらくアレクサンドロス支持派の者たちの手に留まったままだったと考えられる。もしかすると、こちら側の者たちも元の亡命者であって、アレクサンドロスの到来を契機に祖国に戻った人々だったのかもしれない。しかしアッリアノスが示唆するところでは、ペルシア人はひとたびミュティレネ市を支配下に置くと、もはやこの合意を実際に遵守することはなかったらしい〔2巻1章〕。翌前三三二年、アレクサンドロスはレスボス島の支配圏を奪還するため、将軍ヘゲロコスを派遣し、ミュティレネを含むレスボス島諸都市を取り戻した。新たな合意協定の内容は碑文に記録され、それが現在も実際に残っている――そのこと自体、この協定が遵守されていたことを示しているのかもしれない〔ギリシア碑文集成12巻2–6。筆者は、協定が遵守されず破棄されていれば、碑文自体破壊されていただろう、と推測している〕。

碑文の現存部分には、今回、亡命者がいかなる条件で帰還を認められたのか、説明が記されていない。前年、ペルシア人が支配権を得た際に提示されたものと同じ条件だった蓋然性はきわめて高い。しかしながら、ここで実に詳細に定められているのは、帰還する亡命者とすでに市内にいる者、二党派を確実に和解させるための手続きである。手続きの狙いは、和解協定に対して異議申し立てをするために法廷を利用することを禁ずることにあり、そのために調停委員が設立された。これには、帰国した元亡命者とすでに市内にいた者たちから同数が選ばれることになっていた。アレクサンドロスの行動を、解放者のものと見るべきか、新たな支配者のものと見るべきか。この点については、現代の研究者の間で意見が割れている。しかしながら、現実の彼は、諸都市を解放するのか、抑圧するのかという二者択一ではなく、むしろ単純に、有力市民たちが分裂して政情不安となり、そこからペルシア再来の機会につながることのないように予防措置を講ずる必要に迫られていたのである。エフェソス市でアレクサンドロスは、対立する党派間の流血沙汰を妨げるために立ち入らなければならなかった〔アッリアノス1巻18章〕。またキオス島や小アジアのプリエネ市から出土した同時代の碑文には、紛争解決のために行われた同様の試みに言及があり、アレクサンドロスがエーゲ海東岸の諸都市に持続的な秩序をもたらそうと、相当の書簡を交わして仲裁に関与していたことが示されている〔ローズ＆オズボン編『ギリシア歴史碑文選』84番、86番〕。

アレクサンドロスが成功したことは、彼が通過した諸都市から受けた顕彰の中に示されている。あちらこちらでアレクサンドレイア祭と呼ばれる祝祭、それから「バシレウス（王）にしてクティステス（創建者）なるアレクサンドロス」に対する神官や祭壇があったことを、のちの碑文が示している。すでに前六世紀の終わりまでに、ある都市が創建者を称えて体育競技祭を開催したり、その人物に犠牲を奉納したりすることは一般的な慣習となっていた。もしも創建者が、創建した新都市で余生を過ごし、そこで亡くなった場合（前五世紀以前にはよくあったように）、その人物は街の中心部に埋葬され、その墓は聖なる場所と考えられるようになった。彼らは、スパルタのオレステスやアテナイのテセウスといった、神話上の英雄と同じ扱いを受けることとなったのである（これらの英雄たちは、彼らの骨とされるものが発見され、正式な埋葬をするためにそれぞれの都市に運び込まれている〔ヘロドトス1巻67〜68章、ディオドロス4巻62章〕)。これら英雄と神の間で、敬意の示し方にそれほど明確な差異は存在しなかった。前五世紀になると、都市の中核を担う者たちが「創建者」にふさわしい人物を後から新たに決定するような事態も生じた。最も重要なのは、ペロポネソス戦争の終わり、スパルタ人がサモス島をアテナイの支配から奪い、新体制を敷こうとしたときのことである。サモスの新たな支配層は、スパルタの将軍リュサンドロスを彼らの新たな創建者とし、彼を称えるための祝祭を新設した。前三世紀のとある歴史家によれば、彼らはリュサンドロスを神として崇めていたという〔サモスのドゥリス。プルタルコス『リュサンドロス伝』18章参照〕。これらの先例に照らしてみると、諸都市がアレクサンドロスの祭祀を創設し、以後数世紀にわたってそれを維持していたとしても、それは特段先例から外れた行為とは言えないだろう。もちろん、そうした格別の顕彰を導入する動機を誰より持っていたのは、アレクサンドロスの小アジア調停から利益を得た者たちであった。たとえば彼らは、都市が存在することそれ自体が「創建者」であるアレクサンドロスのおかげであると主

図4　プリエネのアテナ神殿から出土した碑文　はじめの碑文には，アレクサンドロスが神殿を奉納した旨，記録されている

張するなどして、アレクサンドロス支持派の地位を増強するのに貢献した。しかしだからと言って、彼らの振舞がごく表面的なものに過ぎなかったということにはならない。

プリエネ市では、アレクサンドロスが新築のアテナ神殿を奉納したことが、碑文に記録されている（図４）〔ローズ＆オズボン編『ギリシア歴史碑文選』86番A〕。他の都市でも、アレクサンドロスの通過から程なくして新しい神殿の建設が開始された。ミレトス市では、前四九四年にペルシアによって破壊されていた聖域ディデュマに神託で名高いアポロン神殿が再建され、再び神託を伺うことができるようになった。そうした変化は、必ずしもアレクサンドロス来訪直後に起こったわけではなかったが、しかし、これらのギリシア都市の運命が決定的に変化したことを証言しているのである。

スパルタ

ある一つのギリシア都市が、その他のギリシア諸都市およびマケドニアから距離を置いていた。スパルタである。同国は、前三七一年、テバイの将軍エパメイノンダスに敗北を喫するまで、ギリシア最強国の一つであり、ペロポネソス半島の四割を直接支配し、半島の残りを覆うペロポネソス同盟を率いていた。しかしその後、スパルタは領域の大半を失い、その権勢はもはや消え去っていた。そのスパルタがコリントス同盟への参加、別の言い方をすれば、アレクサンドロスに仕えることを拒否していたのである。それどころか、彼らはギリシアで蜂起を起こすために、ペルシア王ダレイオス三世から経済的支援を取り付けようとして交渉を行っていた。前三三三年〜前三三二年、クレタ島での試みが失敗に終わると、翌年、スパルタ王アギスはペロポネソスでの叛乱を開始した。反マケドニアの政治家たちは、ペロポネソス半島の多くの都市でアギスへの支持を取り付けることに成功したが、アテナイ人がこれに参加することはなく、南ペロポネソスにあって欠かすことのできない都市メガロポリスもまた、アレクサンドロスに対して忠実な姿勢を保った。そこでアギスが対メガロポリス包囲戦を開始すると、マケドニアの摂政アンティパトロスはアギスに対して軍を進めた。アギスの命運はここで尽きることとなる。そしてこの事件を最後に、ギリシア世界ではアレクサンドロスに対する大規模な反抗が行われることはなくなった。

アテナイ

アテナイは、他の都市以上にアレクサンドロスに認められていたようである。グラニコス河畔での最初の勝利ののち、アレクサンドロスは戦利品のうち自分の取り分をアテナイに送り、アクロポリスに奉納させることに決めている。甲冑三〇〇が、スパルタ人への当てこすりを込めた次のような文言を添えて展示された。「フィリッポスの息子アレクサンドロスとスパルタ人を除くギリシア人たちが、アジアに住む蛮族の民から〔奪い、これらの戦利品を奉献した〕」と。アレクサンドロスがスサの王宮を奪ったとき、そこに二体の像があった。これらはそもそもアテナイ人が、僭主討伐者ハルモディオスとアリストゲイトンを称えて自国に設置したものである。この二人はアテナイ最後の僭主〔独裁的な権力を握る人物で、この場合はペイシストラトスの長子ヒッピアスを指す〕の弟を殺害した人物で、解放の英雄と思われていた。やがて前四八〇年、ペルシア王クセルクセスはギリシアに進軍し、アテナイ陥落に成功すると、これらの像を王宮へと持ち帰っていった。アッリアノスによれば、アレクサンドロスはスサ入城を果たした際にこれらを取り戻し、アテナイへと送り返したのだという〔3巻16章〕。アレクサンドロスは、コリントス同盟の遠征の締めくくりとしてペルシアの王宮ペルセポリスを破壊させたが、これが何よりクセルクセスのアテナイ攻略に対する報復であることは明らかであった。

これまで見てきた他のギリシア諸都市と同じように、アテナイの政治家たちはアレクサンドロスを支持するか否かで割れていた。しかし、アレクサンドロスがイッソスにおいてダレイオスに対する初勝利を飾ると、もはやダレイオスはアテナイ人政治家たちに対して経済的支援を提供するような状況になく、反マケドニアの政治家たちはアレクサンドロスが亡くなるまで沈黙を守ることとなった。政治家リュクルゴスの指導の下、アテナイ人たちは国家収入を増大させ、その資金をディオニュソス劇場や競技場（スタディオン）といった公共建築物の再建、拡張に用いた（スタディオンは、一八九六年に第1回近代オリンピックのためにふたたび再建された）。前五世紀の大悲劇詩人、アイスキュロス、ソフォクレス、エウリピデスの劇を、ディオニュソス神を祀る祭、ディオニュシア大祭において上演する慣習も確立された。また若者に対する訓練、エフェベイア制度に対しても格別の力が注がれた。カイロネイアの戦い以前からテバイの破壊に至るまで、緊張と危機の時代が連続していたが、アレクサンドロスが東方遠征を行っている間、アテナイは繁栄し、任務を終えて帰国してくる退役兵がペルシア帝国から携えて戻ってきた富を享受していた。現代の研究者の中には、アテナイ人がアレクサンドロスに対抗する策を模索し続けていたと主張する者もあるが、この見方を支持する証拠を見つけ出すのは容易ではない。

前三二四年、アレクサンドロスは自軍の先頭に立ち、ゲドロシア砂漠を抜けて、パキスタン遠征から凱旋してきた。王の不在をいいことに公金から私服を肥やしていた帝国の役人たちは、王の帰還に不安を抱いたが、ギリシア諸都市の有力者たちはこれを祝福の機会ととらえ、スサおよびバビロンに使節を派遣し、アレクサンドロスに祝いの言葉を述べた。アテナイでは像を設置し、アレクサンドロスを称える決議がなされた。これには次のように刻まれていた。「アレクサンドロス王、不敗の神」。当時、多くの人々が、アレクサンドロスを征服の英雄以上の存在とみなしており、そうした人々の態度がこのような決議となって表れたと考えても差し支えないだろう。事実、この提案にはさして深刻な反対も生じなかった。そのことは同時代の断片的な演説から知られている。もっとも、アレクサンドロスに神の名が添えられたとは言え、像とともに祭壇が設置されたり、神官が指名されたりすることもなかった。したがってこのアテナイでの措置は、先に見たような小アジア諸都市で行われた祭祀と同じものではない。アレクサンドロスにはいささか大仰な呼称が付されたことになるが、それについても当時、もっともな理由を示すことが可能であった。とりわけアレクサンドロスは、パキスタンにおいてディオニュソス神よりも遠くに到達し、さらに半神ヘラクレスですら獲得し損ねた土地を獲得したと主張していたのである。同様の決定は、他のギリシア諸都市でもなされたかもしれないが、現在のところ、根拠の疑わしい事例ばかりである。

亡命者

東方から帰還するに当たり、アレクサンドロスは、ギリシア諸都市に対して亡命者を復帰させるよう求めた。これは彼の行動の中でも、少なくとも現代の研究者の目から見て、評価がきわめて大きく分かれるものの一つである。すでに見てきたように、亡命者の存在はほぼあらゆるギリシア都市にとって問題を孕む現象であった。通常、個人が自国以外の都市に土地を所有することはあり得ず、それゆえ、わずかの間であれ亡命生活をする者たちは、何かしら自ら生きて行く術を見つけ出さなければならなかった。政治的亡命者の大半は社会の上層に位置しており、重装歩兵あるいは騎兵として戦うことが、彼らに選択できる数少ない雇用形態の一つであった。アレクサンドロス軍に参加した傭兵の多くは、どこかの時点で自国から亡命してきた者だったのだろう。東方から帰還したアレクサンドロスは、自らの帝国を再編する一環として、多くの太守たちに傭兵戦力の解散を要求した。このことにより、彼らの行き場所を確保する必要が生じ、何らかの解決策が求められた。最善の解決方法は、彼らが自国に帰還し、その地に定住することであった。

アレクサンドロスは、自らの決定を通達するのにお決まりのやり方を用いた。すなわち、全ギリシア的な大規模祝祭、今回の場合は、前三二四年のオリュンピア競技祭をその機会に利用したのである。この祝祭にはいずれのギリシア都市も神聖使節を派遣していたであろうから、重要な情報を伝達するには理想的な場であった。諸都市に亡命者を復帰させるのは、各々の司法判決を覆すことになるため、内政に干渉することになった。したがって亡命者復帰令は、各都市の自治《アウトノミア》に対する挑戦でもあったのだが、ギリシア諸都市がこれに対してどれほどの異議を表明したのか、現存史料が伝える情報は一致していない。アテナイにとってはとりわけ大問題であった。というのもアテナイ人の中には、サモス島から土地所有者たちが亡命した後に、その島の土地を獲得し、所有していた者たちが数多くいたのである。元の所有者に帰還が認められることになれば、それらのアテナイ人たちはかなりの収入を失う可能性もあった。

ペロポネソス半島の都市テゲアについては、同市の復帰令履行に関係する碑文が現存している〔ローズ&オズボン編『ギリシア歴史碑文選』101番〕。この碑文が明らかにしているように、諸都市は、復帰をどのように行うのかに関して交渉する機会を持っていた。また先に見た小アジアにおける紛争解決のケースと同様に、ここでもまた国内に留まっていた者たちと亡命者たちの間で和解がしっかりと行われるよう相当の配慮がなされていた。碑文の現存部分には、帰還する亡命者に対して家と庭を割り当てる手続きが記されており、その代わり亡命者たちはどうやら、その時点でその場所を所有していた者たちに対して補償金を支払わなければならなかったらしい。加えて、争議になった場合に市外から裁判員を招いて執り行う、特別の法廷についても言及がある。ここにはアレクサンドロスの粗野な振舞、あるいは高圧的な行動は認められない。仮に前三二四年以降もそれ以前（少なくとも前三三一年のアギス敗北以降）と同じように平和であったとしたら、亡命者復帰令の影響如何を判断することも可能だったかもしれない。しかしながら、翌年アレクサンドロスは死亡し、その後はギリシアばかりか、かつてのアレクサンドロスの帝国全体が戦争状態となったため、これまで以上に大規模な混乱が生じることとなった。

現代の研究者は、アレクサンドロスが「復帰令」を課したことを、古代の叙述にならって、権威主義的な行為とみなす傾向にある。諸都市に対して、仇敵を意に反して受け入れるよう強制したというわけである。こうした見方は全体として、アレクサンドロスを抑圧者とみなし、彼が掲げた「ギリシア人の自由」という約束を単なる空疎なスローガンに過ぎないとみなすような解釈につながっている。たしかに、アレクサンドロスの行動から損害を受けた者がいたことは間違いない。とりわけ、かつてアケメネス朝の専制支配に心地よく協力していた者たちは、そうであっただろう。しかし、何より碑文史料から示唆されるのは、アレクサンドロスがギリシア諸都市との良好な関係を望んでいたということであり、また彼がアケメネス朝の王都にあった宝物殿から富を解き放ったことで、小アジアおよびギリシア本土の諸都市が、こののち数十年どころか、数世紀にわたって大いに繁栄したということである。

第五章　ファラオ　アレクサンドロスとエジプト

「古代エジプト」という言葉を聞いて何より先に思い起こされるのが、ファラオ時代のエジプトの姿であろう。しかし、ピラミッドが造営された古王国時代（前二六八二〜前二一二二年）、あるいは王家の谷にツタンカーメンが葬られた新王国の時代（前一五五〇〜前一〇七〇／六九年）は、アレクサンドロスの時代には遥か昔のことになっていた。とは言え、ファラオ時代以来の政治システム、独自の宗教的慣行などは、変化を被りつつも、この時代にまで根強く残っていた。

本章では、まずアレクサンドロスのエジプト訪問を描き出す「アレクサンドロスの歴史家たち」に対して、エジプト側の史料などを突き合わせ、本当はエジプトでどのようなことが起こっていたのか、そして大王の同時代人やローマ時代の「アレクサンドロスの歴史家たち」が、それぞれどのようなメッセージを送ろうとしていたのかを見てゆく。取り上げるのは、アレクサンドリア建設とシーウァでの神託伺いである。アレクサンドリアは、大王が建設した新都市として名高い。やがてこの街は、エジプトにおけるギリシア文化の一大中心地、交易船が行き交う一大商業センターとして発達することになる。しかしアレクサンドロス自身は、どの程度のものを建設しようとしていたのだろうか。手掛かりとなるのは、大王の死後、いくぶん経ってから刻まれたエジプトの碑文「太守の石板」である。

シーウァ・オアシスのアメンの神託は、アレクサンドロスを神の子として承認したのだという。しかし、名立たるアメンの大神殿を差し置いて、そもそもなぜアレクサンドロスは（お世辞にも大神殿とは呼べそうもない）シーウァの神託所を訪問したのだろうか。また、シーウァでは実際にどのような儀礼を通じて神の託宣を手に入れたのだろうか。これらを理解するために、本章では当時のエジプトの状況、伝統的宗教儀礼に目を向けてゆく。さらにまた、「アレクサンドロスの歴史家たち」が伝えるアレクサンドロスの質問（とその答え）には、いったいどのようなメッセージが込められていたのだろうか。ここでも物語の「先取り」が理解の鍵となる。

章の最後は、アレクサンドロスが実際にエジプトで行った行動がどのようなものだったのか、改めて検討を加えることになる。複数のギリシア語文献史料を突き合わせ、さらにエジプト現地に遺された同時代の考古遺物を勘案し、アレクサンドロスが為政者として合理的に振る舞っていた様子を明らかにしてゆくことになるだろう。

アレクサンドロスは前三三二年にエジプト入りした。現地住民からも、ペルシアの太守マザケスからも抵抗されることはなかった。麾下の兵力が、何か対抗措置を試みるには少な過ぎたのである。これにより近東の主要王国が初めて、アレクサンドロスの支配下に収められることとなった。この地には、二五〇〇年以上にも及ぶファラオ支配に起源を持つ統治システムが敷かれていた。とはいえ、エジプトを変化しない文明ととらえる巷間に流布したイメージは、過度に強調すべきでない。アレクサンドロス

到来の数世紀も前に、後期青銅器時代、新王国による帝国主義的な時代が終わり、それ以降エジプトの統治は何度も変化を被ってきた。新王国が終わると四世紀に及ぶ「第三中間期」（前一〇六九年～前六六四年）が訪れ、王国は分裂し、最終的にアッシリアによって征服された。続いて第二六王朝（前六六四年～前五二五年）がエジプトを支配し、カンビュセス治下のペルシアが侵入し、一二〇年間にわたるアケメネス朝支配期に入る。前四〇四年、エジプトはペルシア帝国から離脱するが、六〇年後に再征服されてしまう。アレクサンドロスが到来するほんの一二年前のことであった。このような権力の交代は、数々の紛争により引き起こされ、それらはエジプト社会に刻印として深く刻まれていたが、にもかかわらず時の支配者たちは、自らの権威を確実なものにしようと、それ以前の支配者たちが巧みに利用していた図像や慣習を踏襲し、統治に利用していた。このためにエジプトでは、見かけ上の連続性が維持されていたのである。

アレクサンドロスの歴史家たちが、アレクサンドロス時代のエジプトにおいて決定的に重要だと思う出来事が二つあった。都市アレクサンドリアの建設とシーウァに祀られるアメン神の託宣である。アッリアノスはこれら二つの逸話について説明を始めるにあたり、アレクサンドロスがポトス、すなわち、強烈な渇望に囚われていたと述べている〔3巻3章〕。すなわち、これらの活動は何かしら現実的な必要性・利益を考えて選択されたというよりも、彼自身の個人的な情動によって推し進められたものだというのである――この解釈に、近年の研究者たちはおよそ同意してきた。しかし古代の著作家たちが皆、この二つの出来事を同じ順番で伝えているわけではない。そうすると二つのうちの一方、アレクサンドリア建設の物語は、実際とは異なるところもあったのではないかという疑念が膨らんできたりしないだろうか。

アレクサンドリア

ローマ帝国の時代、エジプトの沿岸地域、ナイル・デルタ地帯の西端にあるアレクサンドリアは、世界で最も重要な都市の一つであった。すでに前三世紀の終わりまでに、同市は交易を通じて世界最大の都市になっていた。古代世界でこれを凌いで成長したのはローマだけである。交易の一大拠点であり、地中海世界と東方世界の重要な結節点であった。アレクサンドリアの図書館はギリシア文学のすべてを集積し、科学と学問の中心となった。アレクサンドロスの死後およそ一世紀、地球の周囲の長さが計算されたのは、アレクサンドリアでのことであった。ヘブライ語聖書がギリシア語に訳されたのも、三世紀、この都市でのことであった。ヘブライ語聖書のテクストは、主にこの「七〇人訳」と呼ばれるギリシア語訳を通じて初期のキリスト教著作家たちに知られることとなった。

アレクサンドロスの歴史家たちは皆、同市の建設にアレクサンドロスが個人的に関与していたということを強調している〔ディオドロス17巻52章、アッリアノス3巻1～2章、プルタルコス26章、クルティウス4巻8章、ユスティヌス11巻11章〕。どこに都市を建設すべきか。市壁や主要公共建築物をいかに配置すべきか。こうしたことを彼が決定していたとされている（プルタルコスによれば、アレクサンドロスは夢のお告げに従って建設地を定めている）。彼らはまた、都市創建に関わる予兆についても各々の物語を伝えている。曰く、都市の外形を定めるのには、大麦が目印として用いられた（マケドニアの通常の慣習であったためと も、あるいは白墨が使えなかったためともされる）。その後、鳥が舞い降り、その大麦を食べてしまうという話を伝える者もいる。大麦を使用したのは、都市が大地の実りから豊かに成長するということを意味していると解釈され、鳥が出てくる伝承については、鳥がやってきたのは、アレクサンドリアにも各地の人々が遠くから移り住んでくるという事実を予言するものととらえられた。これらの説明は、いったいどれだけ信頼できるというのだろうか。その答えは、おそらくいっさいできないということだろう。

時代は下ってアレクサンドロスの死後のこと、彼の亡骸はバビロンを出発し、葬儀のためにマケドニアに向けて送られることになっていた。だが、その途中、遺体はエジプト太守プトレマイオスによって捕らえられ、エジプトに送られ、メンフィスに埋葬された。アレクサンドリアではなく。プトレマイオスの統治下で、メンフィスはエジプト行政の中心地であり続けた。アレクサンドロスの死後、プトレマイオスは少なくとも前三一一年までエジプトの太守としてエジプトを支配していた。その年、エジプト語で作成された文書、いわゆる「太守の石板《サトラペス・ステレ》」において、彼は「ギリシア人の大いなる緑の海〔地中海〕の岸辺にある……アレクサンドロスの城砦、かつてラコティスと呼ばれた場所に」移動したと述べている。この出来事はアレクサンドロスの死から一二年後、彼がエジプトを発ってから二〇年後のことであるが、むしろこれこそが、アレクサンドリアの真の始まりとなったのかもしれない。プトレマイオスは前三〇四年、自ら王を名乗り始めたが、この都市が主要な文化的中心地となり始めたのは、おそらくその後のことに過ぎないのかもしれない。最も有名な建物、図書館・博物館は、通常、このプトレマイオスではなく、その息子であり、彼の後を継いだプトレマイオス二世フィラデルフォス（前二八三年〜前二四六年）のものとされている。プトレマイオス一世が移動して来るよりも前に、その場所はすでに「アレクサンドロスの城砦」と呼ばれていたのだろうか。あるいはその後もなおエジプト語でラコティスと呼ばれ続けていたのだろうか。こうした事実に関しては、「太守の石板」から明らかにすることはできない。これまでのところ、この土地の黎明期について考古学から得られる情報はほとんどない。というのも、古代のアレクサンドリア市は現代の都市と海の下に埋もれているのである。もっとも、発掘は現在進行形で続けられており、将来何かが出てくるかもしれない。今のところ、アレクサンドロスの名を冠することになる未来の最重要都市を準備するのに、アレクサンドロス本人が決定的に関与したということを支持するような同時代の史料は、ほとんど何もないのである。

イラン東部、アフガニスタン、そしてさらに遠征を進めて行く中、アレクサンドロスは居住地建設を開始した。それらはたいていアレクサンドリアと名付けられた。アフガニスタンにある現在のカンダハルもその一つである。プルタルコスは自らの論説『アレクサンドロスの運または徳について』において、アレクサンドロスが七〇以上の都市を建設したと記しており、その目的を「蛮族」にギリシアの文化と教育を広めるためであったと主張している。七〇という数値はおそらく過大評価であろうが、碑文や叙述史料から、アレクサンドリアと名付けられた居住地が少なくとも二〇は知られている。これまでにすべての位置が確認されているわけではなく、またのちの支配者たちがその名を与えた場合もあった。たとえば小アジア北西の都市トロイア近郊のアレクサンドリア・トロアスは、もともと創建者である隻眼のアンティゴノス〔アレクサンドロスの将軍。同王死後は後継者戦争に加わった〕にちなんで、アンティゴネイア・トロアスと呼ばれていた。建設された都市の中にも新規に建設されたものもあれば、以前にあったものが再建される場合もあった。北西アフガニスタンのアイ・ハヌム遺跡は、「オクソス河畔のアレクサンドリア」という都市であったと考えられており、そこではアレクサンドロスの時代より数十年後に建設された、ギリシア風の劇場や神殿が発掘されている。しかしアレクサンドロスが文化的な中心地を設定するために、これらの居住地を建設したというプルタルコスの考えは、現実的ではない。これらはたいてい、およそ城砦の域を出るようなものではなかった。そしてアジアで新生活を始める心づもりのできていた退役マケドニア兵たちが居住するものであって、おそらくそれを周辺村落出身の地元住民たちが支えていた。これらは商業上の主要中心地となることを意図して建設されたものではなく、叛乱の危険性がある地域の支配拠点となることを意図して作られていたのである。その他のアレクサンドリアと較べると、エジプトにだけ意図的に新商業都市を建設したという考えは見当違いのように思われる。ことによると彼はそもそも、そこに駐留軍の城砦を残しておきたかったに過ぎなかったのかもしれない。

あるいはプトレマイオスが「太守の石板」で用いた表現は、そうしたことを表していたのかもしれない。とは言え、エジプトのアレクサンドリアが、軍事的な居住地であることが明らかな例というわけでもないのであるが。

エジプトのアレクサンドリア建設をめぐる予兆の物語は、何よりもこの都市のその後の成功を反映したものである。都市が素晴らしい幸運に恵まれていれば、それだけいっそう都市とアレクサンドロス自身を結びつけようという思いも強くなった。アレクサンドロスについて記された歴史のうち、早い時代に属する三つの作品がこの都市に起源を持っている。アッリアノスの主要な情報源にもなっているプトレマイオスの史書、ディオドロスやクルティウスが利用しているクレイタルコスの作品、そしていわゆる『アレクサンドロス・ロマンス』。最後に挙げたものは、アレクサンドロスの人生について記した架空の俗流文学で、現在知られているのは、紀元後三世紀以降のものであるが、その起源は紀元前三世紀にまで遡る。とりわけプトレマイオスは、「はじめに」で見た例のように、アレクサンドロスの頭部を自らの硬貨に刻むなどして、自分自身とアレクサンドロスを結びつけようとしていた。自らの王都がアレクサンドロスにより創建されたとすることで、その結びつきをいっそう深いものにすることができただろう。他の著作家たちにとっても、自分たちの出身都市の地位を高めるような情報であれば、これを流布しない理由などなかっただろう〔クレイタルコスはアレクサンドリアで執筆し、『アレクサンドロス・ロマンス』もアレクサンドリアを中心に流布していた〕。古いギリシア都市は、神話的な英雄がその創建者であったと主張しており、アレクサンドロス大王はアレクサンドリアの住民にとって創建者として主張するにふさわしい英雄だったのである。しかし、アレクサンドロスが実際に個人的な関心を持って直々に都市を創建したという物語は、歴史というよりも伝説に属するものである。

アメンの神託

現存するアレクサンドロスの歴史叙述の中で、最も注目を集めてきたエジプト関係の挿話は、リビア砂漠、シーウァ・オアシスにあるアメン神殿への参詣である。ディオドロス〔17巻49～51章〕、クルティウス〔4巻7章〕、プルタルコス〔26～27章〕、アッリアノス〔3巻3～4章〕、ユスティヌス〔11巻11章〕に加えて、アレクサンドロスの宮廷歴史家カリステネスの記したものがかなり残されている。彼の記述は、皇帝アウグストゥスの時代、すなわちディオドロスよりもわずかに遅れて執筆活動をした人物、地誌家ストラボンによって伝えられている〔17巻1章43節〕。これら古代の文献によれば、アレクサンドロスはこの神託所を訪ね、自己理解を大きく転換させたという。現代の研究者たちもこの情報に従ってきた。しかしながら、この件も含めて、アレクサンドロスが宗教と関わりを持つ場合にはいつでも関連史料が混乱しており、容易に解きほぐすことはできない。

シーウァの主神殿は、アマシスがファラオのときに（前五七〇年～前五二六年）アメン神のために造営された。アメン神を奉る祭祀の中心地はテーベ（現ルクソール）であり、そこでもアメンの神託儀礼がエジプト神託の伝統的な方法で運営されていた。主要な祝祭に際して神の像が聖なる船に乗せられ、八人の神官に担がれて練り歩くことになっていた。神のお告げを聞きたい者は、神が近づいてきたところで伺いを立てることができた。神が「頷けば」、すなわち運ばれてゆく祭神像が自分の方に傾けば、肯定的な答えであったとみなされ、伺いを立てた人間とは反対側に振れれば否定的な答えということになっていた。神託を伺うには別の方法もあった。神がたどる道に沿って二つの選択肢を示しておき、そのうち神が振れた方にあるものが、神の意志を表すものととらえられていた。シーウァの神託も同じ方法で行われていた。アレクサンドロスがこの聖域を訪問した際、行進を行う道は主神殿にはじまり、ネクタネボ二世が建立した二番目に小さな神殿へと続いており、祭神像はこの道を通って運ばれていた。神託はネクタネボの治世以前から続いていたので、この神殿はすでに存在していた行列儀礼のための参道に、記念碑的な性格を付け加えるために建設されたに違いない。

アマシス王の下で神殿が建設されて以来、シーウァにはギリシア都市キュレネ（現リビア、ベンガジ近郊）からの祭礼使節（テオロイ）が訪問していたが、そのキュレネの街ではアメン神に対する祭祀が、アンモンあるいはゼウス・アンモンの名で行われていた。この神は、雄羊の角を持った男性の姿で描かれており、羊頭の神としてアメン神を描くエジプトの習慣を反映している。ヘロドトスは、その昔リュディアの王クロイソスがリビアのアンモンに神託を伺ったと伝えており（1巻46章）、正確に伝えているのだとすれば、この地で行われた神託としては最初期のものだったということになる。アンモンは、前五世紀にはエーゲ海世界各地で知られており、前四世紀前半、アテナイ人もこのシーウァの神殿にテオロイを派遣したと碑文に記されている〔ギリシア碑文集成2巻2版1642番〕。しかしながら、この神殿がギリシア世界においてある程度の地位を築いていたのはたしかであるにせよ、上エジプトにいくつかある、はるかに歴史の古いアメン神殿と較べれば、エジプト領の縁にあるシーウァの神殿ははるかに見劣りがするものであった。そうだとすれば、アレクサンドロスがこの神殿を訪れた目的は、エジプト人たちに印象づけるためであったということはありそうもない。実際、古代の著作家たちもまた、アレクサンドロスの訪問をそうした観点から叙述してはいない。アレクサンドロスのシーウァ訪問は、もっと別の文脈で理解すべきだろう。すなわち、アレクサンドロスはキュレネを含むキュレナイカ地方のギリシア諸都市に対して、自らの権威を確立することに関心を抱いていた。このことと結びつけた方が理解できるだろう。というのも、この地方はダレイオス一世の治世にペルシア支配下に入ったが、前四〇四年のエジプト叛乱以降、外部からの支配を受けずにいたのである。

宮廷歴史家カリステネスによれば、アレクサンドロスは祖先にあたる神話上の英雄ペルセウスやヘラクレスと張り合おうとして、神託の座への訪問を熱望していたという。もっとも、これらの英雄たちが実際にシーウァを訪問したということは、これ以前のどの著作家にも述べられていない。ヘロドトスは自らこの神託所を訪問したことがあり、ヘラクレスのエジプト冒険譚も伝えてはいるが、そこに記されているのは、ヘラクレスがテーベにある父神ゼウスの神殿を訪問したところ、ゼウスの方が、ありのままの姿を見られることのないよう、羊の頭で姿を隠していたということばかりである〔2巻42章〕。シーウァ訪問についてはいっさい語っていない。アッリアノスは、全体の叙述をカリステネスに基づいて（おそらく、プトレマイオスの史書を経由して）記しているらしく、同じ説明を加えてはいるが、アレクサンドロスが自分のゲネシス、すなわち自分の出生、あるいは起源について知りたがっていたと付け加えている〔3巻3章〕。カリステネスも、アッリアノスも、アレクサンドロスが何を神に尋ねたのかは記していない。アレクサンドロスが神託を伺おうと思っていた理由については、残りの物語のうちユスティヌスだけが説明を加えており、そこでは物語が詳しく叙述され、アレクサンドロスが自らの出生について知りたがっていたとされている〔11巻11章〕。他の四作家はいずれも、アレクサンドロスと神官の会話を詳しく記している――たとえ、信頼できるものではないにしても。

古代の歴史家たちは、外国人同士が出遭った際、通訳がどれほどの役割を果たすのか、曖昧にしていることが多い。アレクサンドロスがシーウァを訪ねた際、さまざまな集団がどのような言語で話していたのか、はっきりしない。プルタルコスの描写では、エジプトの役職者たちはギリシア語を話すとは言え、大変稚拙であったかのように記されている〔27章〕。彼によれば、アメンの神官はアレクサンドロスに呼びかけるに当たって「パイディオン（子供）」と言おうとして、偶然にも「パイス・ディオス（ゼウスの子）」と言ってしまったらしい（彼の『アレクサンドロス伝』には、言葉遊びや駄洒落が何度も登場する）。プルタルコスからすれば、これはみごとな偶然の予兆だったのかもしれないが、しかし他の著作家たちは誰一人としてこの出来事をそのようには記していない。彼らの作品からは、すべてが直接的なやりとりで行われ、ギリシア語でそのまま素直に翻訳することが可能であったかのような印象を受ける。とは言え、アレクサンドロスがエジプト語を理解していたということはありそうもない。他方、アメンの神官がギリシア語を理解していた可能性はあり得る。神託所を訪問するギリシア人には、お決まりの定型があったからである。しかしながら、アレクサンドロスがお告げを正確に理解できるよう、翻訳者を同行させていたというのは確かなことである。また、アレクサンドロスがファラオとみなされ、あるいは少なくともファラオとしてまもなく戴冠する人間とみなされており、役職者たちが彼に呼びかける際には、公式の呼び名〔称号〕が用いられていた可能性も高い。

これは重要なことである。というのも古代の著作家たちは皆、アレクサンドロスがシーウァに到着するや、アメンの神官から神の子（ディオドロス）、あるいはゼウスの子（カリステネスおよびプルタルコス）、ユピテルの子（クルティウス）、ハンモン〔＝アメン〕の子（ユスティヌス）と呼びかけられたと主張しているのである。ディオドロス、クルティウス、そしてユスティヌスによれば、アレクサンドロスは以後、この称号を自称に用いることにしようと応じたとされている。アレクサンドロスはこの訪問を契機に、マケドニア王フィリッポスが父親であることを否定していくこととなり、やがて最終的には兵士たちの離心を招くことになってしまう――古代の記述は、そうしたことを示唆しているのである。しかしながら、のちに見るように、たしかにエジプトにおけるアレクサンドロスの称号には、エジプトの伝統に則って「ラーの息子」という呼び名が添えられているものの、エジプト（あるいはリビア）の神官がそのように呼びかけるのは、神のお告げによるものではなく、典礼上のことに過ぎなかったようなのである。

アレクサンドロスの訪問に関する詳細な叙述は、一般にクレイタルコスの作品に由来していると考えられている。クレイタルコスはこの訪問を目撃したわけではないが、エジプトで作品を著し、エジプトの神託がいかに機能するのか、実際に理解していたからである。たとえば、神官団に担がれた船上の像についての記述を見てみると、現在伝わっている文はわずかに混乱してはいるが、しかし基本的に信頼が置けるものである。ところが古代の歴史叙述では、神託伺いの物語を扱う際に、いくつかの定型に沿って記述する傾向にあった。アレクサンドロスの歴史家たちが記した作品についても、当時の読者たちは参拝者と神官が口頭でやりとりをするという、一つの定型を期待していたことだろう。これは最も有名なギリシアの神託所、デルフォイでの定型であった（もっとも、デルフォイは返答が曖昧なことでもよく知られていたのだが）。神が像の動きによってのみ答えるというのでは、神託伺いを劇的に描くのも容易ではなかっただろう。その結果、私たちが知っているエジプトの神託とは整合性のとれない物語が伝えられることになった。シーウァ発掘に当たった研究者をはじめとして、何人かの研究者たちは、エジプトの伝統的なものとは別に、ギリシアのモデルに近い「王の神託」というものがあったと想定して、矛盾解消に努めてきた。しかし、この説は説得性のあるものではない。それよりもむしろ、古代の歴史家は出来事を再話する際に、劇的に叙述することも可能であったという方が納得できる。著作家たちは、アレクサンドロスが質問を二つしたと述べている。父を殺害した者たちが罰を受けたのか否か、そして自分は世界を支配することになるか否か、この二つである。はじめの質問は、アレクサンドロスが神の子であることを受け入れていたという考え方を強調するために設定されたもののようである。というのも、神託は、彼の父親が人間によって害されることなどあり得ない〔真の父親は神であるため〕、と応えたとされているのである（ただしフィリッポス殺害者に対しては、報復が成し遂げられていたとも応えたのだけれど）。二つ目の質問には、肯定的な返答が返ってきた。その意味については、のちに考えることにしよう。

神託伺いに関する物語は、ギリシア文学によく見られる。デルフォイの神託は、文書化された最初の史書であり、最も影響力のある史書の一つ、ヘロドトスの『歴史』の中で重要な役割を担っている。神託伺いはプルタルコスの『英雄伝』でもあちらこちらに登場し、大変よく目につく。また彼の作品集には、ギリシアの神託に関する一連の小論も含まれている。したがって、シーウァの神託所に遠征したことが、ギリシア・ローマ世界に生きたアレクサンドロスの歴史家たちにとって大変興味を引くものであったとしても、驚くに値しない。シーウァ訪問は、アレクサンドロスの偉業に神々が関与していたことを示すものであり、神託を通じて彼の偉大さが明らかにされたのである――このようにしてアレクサンドロスの性質を確定していくことは、彼を主人公とする物語を読む人々にとって、大変重要なプロセスだったのである。しかしエジプト人自身は、これとは異なり、とりわけアレクサンドロスをファラオとみなすことによって、彼本人の重要性と、彼と神々との関係性を明らかにしていた。

ファラオとしてのアレクサンドロス

エジプト人は新しい支配者に何を期待していたのだろうか。このことを理解した上でギリシア・ローマの史書を読み進めれば、アレクサンドロスが、彼らの期待に応えることができていたということを理解できるだろう。ナイル・デルタの頂点に位置するメンフィスは、下エジプトにある王家の中心地であり、この時代のエジプト行政の中心地でもあって、アレクサンドロスが最初に訪ねたのはこの場所であった。新ファラオの即位に伴う儀礼は、通常、王の名前を儀式的に宣言することから始まり、続いて次期ファラオ予定者が王の艀に乗り、王国の主要神殿を巡る「エジプト全国秩序形成の旅」を行っていた。王国の役人はすべて就任の宣誓を新たに行うものとされ、同盟国はこのときに同盟関係を更新するものとされていた。一連の流れはメンフィスでの戴冠式で締めくくられる。これは七月、エジプトの新年祭のときに行われるのが理想であった。しかし、現存する史書はいずれも、アレクサンドロスの戴冠式の様子を叙述してはいない。ただし、それ以外のさまざまな儀礼が執り行われた機会については言及している。アッリアノスは、メンフィスでの二つの祝祭について述べている。一つはアレクサンドロス到着時に、もう一つは出発の少し前に行われたものである〔3巻1、5章〕。クルティウスは、アレクサンドロスがメンフィスからおそらく舟で遡上したとしており、さらにマケドニアの良家の若者がアレクサンドロスに追いつこうとする間に、舟が転覆して溺れてしまったという悲劇的な出来事を伝えている〔4巻8章〕。アッリアノスもまた、アレクサンドロスが出立を前にしてメンフィスで使節を受け入れ、公職の役職分担を指示していた様子を描いている〔3巻5章〕。

ギリシア・ローマの著作家たちが実際の戴冠に言及しようとしないのは、重要なことである。同じようにアレクサンドロスは、バビロンでは確実に王として玉座に着いており、スサでもそうした可能性がきわめて高いにもかかわらず、ここでも著作家たちのためらいが認められる。これはある面で、著作家たちが〔事実よりも〕物語の枠組みの方を優先した結果なのかもしれない。というのも彼らは皆、多かれ少なかれ、アレクサンドロスが、「東方」との接触によって徐々に壊れていった様子を描いている。すなわち、アレクサンドロスは徐々に「蛮族の」慣習に関心を抱くようになり、自己の抑制を失っていくものとして描かれているのである。この問題はのちに改めて考えることとしよう。しかしともかく、もしもアレクサンドロスが、遠征のごく初期に倒した者たちの慣習を早くも採用していたとなれば、この筋書きはずいぶんと説得力を失うことになっていただろう。

エジプトには数多くの神殿があり、それらの保全・修復・拡張作業は、ファラオに期待される仕事の一つであった。エジプト人ファラオ、ネクタネボ一世〔前三八〇年～前三六二年〕と最後のエジプト人ファラオ、ネクタネボ二世〔前三六〇年～前三四三年〕は、建設事業に精力を注いでいた。ネクタネボ二世の下で開始されていたいくつもの事業がおそらく完成を見ないうちに、ペルシア人が再びエジプトの支配

図５　ファラオとして描かれたアレクサンドロス大王（右）　ルクソールのアメンホテプ３世の神殿において

権を奪取し、エジプトの独立期（前四〇四年～前三四三年）は幕を閉じたものと考えられる。エジプト側の史料は、こうした神殿再建の伝統にアレクサンドロスが従う用意ができていたことを示している。

上エジプトの古の王都テーベにほど近い、ルクソールにあるアメン＝ラーの大神殿にアレクサンドロスの姿が描かれている。彼が再建したとされる聖舟祠堂の壁面には、王の浮き彫りが刻まれている。伝統的なエジプト様式の像がならぶ中で、アレクサンドロスはファラオの装束を身にまとってアメン＝ラー神と対面している。浮き彫りに付された文面は、彼を次のように称している。「上下エジプトの王、二つの土地の主、セテプ・エン・ラー・メリィ・アメン（アメンに愛されし者、ラーに選ばれし者）、ラーの息子、王冠保持者、アレクサンドロス」

と（図5）。これはファラオに対する呼びかけとしては標準的な形式で、碑文の文面は、彼が父なるアメン＝ラーのために事業を遂行したことを記している。聖舟祠堂にはおそらく、儀礼の舟に立たせるための祭祀用神像が納められていた。主要な祝祭に際し、この像は行列行進を行う神官たちによって舟で運ばれていたことだろう。近郊のカルナックにある別のアメン大神殿には、アレクサンドロスがトトメス三世（ファラオ。前一四七五年〜前一四二九年）の祠堂を修復したことを告げる碑文が刻まれ、やはりファラオとしての完全な称号が与えられている。さらに下流のヘルモポリスにも、アレクサンドロスによる再建事業を記録する碑文が残されている。エジプトのモニュメントからすると、アレクサンドロスは前任者たちの顰に倣っているように見える。これは、先に見たような、エジプト時代のアレクサンドロスについて記されたギリシア・ローマ側の叙述とは大きく異なっている。

第六章　世界の王　アレクサンドロスとペルシア

　エジプトを出立したアレクサンドロスは、本書第一章でも紹介されたアケメネス朝ペルシアの中核地域に向けて軍を進めてゆく。やがてペルシア王ダレイオス三世との二度にわたる直接対決を制すると、アレクサンドロス率いるマケドニア・ギリシア連合軍は、巨万の富を蓄えるペルシア帝国の複数の王都、宮廷に足を踏み入れていった。本国から遠く離れ、戦闘に明け暮れたアレクサンドロスたちは、豪奢壮麗な王宮を経巡るうちに、その姿を、その心をどのように変えていったのだろうか。本章の主眼はここにある。主な焦点となるのは、「世界の王」という称号、スサ王宮での「食卓」事件、ペルセポリスの炎上、そして装束や跪拝礼といった「ペルシア風の慣習」の導入である。いずれもアレクサンドロス大王物語の中で頻繁に言及される、有名なエピソードばかりである。本章では「アレクサンドロスの歴史家たち」がそれぞれの件について記した記述内容を、批判的に読み解いてゆくことになる。批判の糸口となるのは、ペルシア側に残された情報である。まず楔形文字が刻まれたバビロンの粘土板文書。メソポタミアのバビロニア地方で発達した「天文学」の成果である。加えて、同時代の考古遺物、そしてペルシアの伝統儀礼にも目を向けて、歴史家たちの叙述に分析が加えられてゆく。

「アレクサンドロスの歴史家たち」を読解する鍵は、「物語」の描き方にある。ローマ時代に作品を著した「アレクサンドロスの歴史家たち」は、その時代の読者のために、アレクサンドロスが東方の文化に染まり、溺れ、変化し、あるいは堕落してゆく「物語」を描こうとしたのではないだろうか。それに対して、実際のアレクサンドロスは、どのように振る舞っていたのだろうか。ペルシア王として、為政者として合理的に行動していたのではあるまいか。この点に関して本章では、宮廷儀礼に関してとられた措置、ペルシア王家の女性との結婚などを手掛かりにして、考察を加えてゆく。

アッリアノスと同時代の歴史家アッピアノスは、ローマの将軍スキピオ・アフリカヌスと彼の教育役を務めたギリシア人歴史家ポリュビオスの会話を伝えている〔『ローマ史』8巻19章132節〕。前一四六年、カルタゴの街がローマ軍によって掠奪された際、その最中に市外で交わされたものとされ、アッピアノスは、ポリュビオスがこれを自ら聞いたままに書き留めたのだと記している。スキピオは、破壊された古の都市を目にしながら、次のようなことについて考えさせられていた。

都市も、部族も、帝国も、そのいずれもが、人間同様、運命の変転を避けられない。これは、かつて幸運であった都市トロイアも経験したこと。アッシリア人の帝国、メディア人の帝国、そして当時いずれにまして強大だったペルシア人の帝国もまたこれを経験した。つい最近までことのほか輝いていたマケドニア人の帝国さえも。

彼は続けてホメロスの叙事詩『イリアス』の詩句を引用する。トロイアの王子ヘクトルが自身の街トロイアの陥落を予言する箇所である。そして彼はポリュビオスに説明する。いずれローマが陥落する、その未来について考えているのだと。異なる民族が次々に交代して、世界の相当の部分、とりわけアジア〔本章で「アジア」と称される地域は曖昧であるが、およそ西アジアを中心とした世界を指している〕を支配してきたという考え方は、アレクサンドロスの歴史家たちが現存作品を書いていた時代には、すでに歴史叙述において確立されたテーマとなっていた。『アレクサンドロス東征記』最終巻の冒頭で、アッリアノスはありそうもないことを示唆している〔7巻1章〕。アレクサンドロスはアフリカを周航し、西側からカルタゴを攻撃する計画を立てていたと。そして、アレクサンドロスからすれば、メディア人、ペルシア人などは、アジアのごく一部を支配していたに過ぎないのだから、「大王」を名乗る権利などなかったのだと付け加えている。これはアレクサンドロスの見方というよりも、アッリアノス自身の見方を映し出しているのだろう。しかし、アレクサンドロスの治世より一世紀前、ペルシア帝国興隆を記したヘロドトスの記述では、ペルシア人はメディア人の権力を引き継いだものとして描かれている。「アジアの支配者」は正確に定義された概念ではなかったが、それこそアレクサンドロスが、ダレイオスを倒して手に入れようとしていたものであった。アレクサンドロスは順当に、前三三一年一〇月一日、ガウガメラ（現在の北部イラク、モスル市近郊）において、二度目の会戦にしてとうとう目標を達成した。

「世界の王」

私たちはガウガメラの戦いの正確な日付を知っており、周辺の出来事についてもいくらかの情報を持ち合わせている。情報源は、本書でもすでにお目にかかっているバビロンの天文日誌である。先に見たものには、アレクサンドロスの死が記されていた。ガウガメラの日誌の方には、バビロニアの暦にすると第六月から第七月のことまでが記されている。これは前三三一年九月八日から一一月六日に相当する。この種の日誌がすべてそうであるように、夜ごとの空の観測結果が記録され、もしも何か重大な現象が生じた場合には、これに対応していかなる儀礼が行われたのかが記されている。九月二五日には犬が焼かれた。おそらくこれは落雷に応じた措置だったのであろう（粘土板はここで破損している）。第六月ウルールの終わり、粘土板には、銀一シェケルでどれだけの大麦、棗椰子、マスタード、ゴマ、そして羊毛が購入可能であったのかが示されており、そしてどの惑星がどの星座に位置していたのか、そして最後にユーフラテス川の水位が示されている。

これらの情報に続いて、他の出来事が報告されており、九月一八日、ダレイオスの幕舎においてパニックが生じたことも記されている。そして、マケドニア軍の戦場到着、戦争。この間、ダレイオス軍は敗色濃厚となる中、王を見捨て、敗走したとされている。この詳細な記述は興味深い。アレクサンドロスの歴史家たちに意見の相違が見られる問題を、解決するのに役立つからである。ディオドロス〔17巻60～61章〕とクルティウス〔4巻15章〕は、麾下の軍隊が逃げ出し始めた後も、ダレイオスが持ち場を堅持していたと主張しているが、プルタルコス〔33章〕とアッリアノス〔3巻14章〕は、ダレイオスこそ我先に逃げ出したとしているのである。一般には他に較べて信憑性の高いアッリアノスだが、おそらくこのケースでは誤っていたのだろう。

粘土板に文字を刻んだ書記は、ダレイオスを「王」としているが、アレクサンドロスのことは「世界の王」と呼んでいる。この訳語にはいささか不確実なところもあるが、現存する歴史叙述の中でも同様の称号がアレクサンドロスに用いられている。世界を〔ヨーロッパやアジアといった〕大陸に分割してとらえる方法は、ギリシアの地理学者が案出したものであり、バビロニア人にはとりたてて「アジア」という概念はなく、「世界の王」というのは、「アジアの王」をバビロニアの視点から表現したものだったのかもしれない。プルタルコスは、ガウガメラにおけるアレクサンドロスの勝利を彼の遠征の最高潮ととらえており、こう記している。「かの戦闘がこうした結末を迎えると、ペルシア人の帝国支配は完全に破壊されてしまったものと思われた。アレクサンドロスはアジアの王と呼ばれ、神々に対して盛大な供儀を執り行い、友人たちに対しては富と家屋敷と支配権を贈った。〔34章〕」バビロニアの書記がアレクサンドロスに対して先のような称号を選び取ったのは、こうした状況に対応してのことであったのだろう。

「世界の王」という称号が初めて登場するのは、アレクサンドロスの遠征中、ゴルディオンの結び目の場面である。フリュギア地方の古都ゴルディオンでアレクサンドロスは、一台の車が複雑な結び目でくびきにつながれているのを見せられた。この結び目を解いたものは誰であれ〔アッリアノス〔2巻3章〕とクルティウス〔3巻1章〕が伝えるところでは〕「アジアの王」あるいは〔プルタルコス〔18章〕の伝えるところでは〕「世界の王」になるという話であった。これに対するアレクサンドロスの対応は、二通り伝えられている。人口に膾炙しているのは、単純明快、自らの剣で結び目を断ち切ったというものだが、結び目をまとめていた釘を引き抜いたというものもある。いずれの場合も彼は予言を成就したものとみなされた。シーウァの神託伺いについても、プルタルコス、ディオドロス、クルティウスが記した伝承では、アレクサンドロスが世界を支配することになるだろうと告げられていた〔ただしアッリアノス版は異なる〕。いずれの叙述においても、アレクサンドロスが神託を誤解していた、あるいは神託が信用できないものであったというような様子は伺えない。これらの反応は、エジプト出立後に、アレクサンドロスとダレイオスがガウガメラで相見えた、その結果を先取りして記しているものと理解できる。

スサ

ガウガメラで敗れたダレイオス三世は東方に敗走した。対するアレクサンドロスは軍を南進させ、メソポタミアを抜けてペルシアに進軍させることができた。初めにたどり着いた主要都市はバビロンであった。アレクサンドロスとこの街との関わりは、のちに改めて考察することにしよう。そこから彼はスサに移動する。バビロン同様、アケメネス朝の王都であった。アレクサンドロスの歴史家たちのうち、スサの王宮訪問にまつわる奇妙な物語を伝えている者が二人いる。これは、アレクサンドロスの人生の中で重要な出来事を隠しているのかもしれない。ディオドロス〔17巻66章〕およびクルティウス〔5巻2章〕によれば、アレクサンドロスは宮廷内を巡り、王の間に着くと、玉座に腰掛けた。彼は背が高くはなく、足が地面に届いていなかったため、従者の一人が踏み台となるような低い机を持ってきた。すると宮廷宦官の一人が泣き出し、やがてその訳を話し始めた。これが、かつてダレイオスが食事をとっていた食卓だったというのだ。宦官は、ダレイオスの運命の変転を見て黙っていることができなかったのである。アレクサンドロスは初め、その机を下げてもらうように考えていたが、朋友のフィロタスの助言を受けて、この状況を自らの勝利を告げる兆しとみなすこととした。

この物語は何を伝えているのであろうか。これが事実ということはありそうもない。玉座に着くアケメネスの王たちが描かれるとき、一般に踏み台も添えられており、「王の食卓」について我々が知る情報からすれば、ダレイオスが晩餐を行った食卓は、踏み台にするには不向きのようである。また、この物語からうかがわれるように、アレクサンドロスがこういった鈍感さを露呈したということもありそうにない。このエピソードに対する一つの解釈として、アレクサンドロスが大王として登位し、戴冠した際の叙述が混乱したのではないかと考えることもできる。プルタルコスは、『アレクサンドロスの運または徳について』という作品の中で、デマラトスなる高齢のギリシア人に言及している〔7章〕。彼はアレクサンドロスがスサでダレイオスの玉座に腰掛けているのを見て、嬉し泣きをしていたという。スサは、通常、アケメネスの王たちが戴冠式を催す場所である。プルタルコスは『アルタクセルクセス伝』の中で、主人公アルタクセルクセス二世が、異なる王位継承儀礼を行っていたことを伝えており、それはパサルガダエで執り行われたとされている〔3章〕。しかし、アケメネス朝の王たちが異なる場所で異なる儀礼を行っていたことは、明らかである。アレクサンドロスがアケメネス式の儀礼に自主的に参加する様子を叙述する際、アレクサンドロスの歴史家たちは違和感を覚え、そのためにこの出来事を「兆しの物語」に読み替えてしまったのかもしれない。しかしながら、アレクサンドロス自身がそうしたためらいを共有していたと想定すべきではあるまい。

この件は、アレクサンドロスの究極の目的が何だったのかという問題を提起する。歴史家によっては、アレクサンドロスを「アケメネス朝最後の王」と記し、彼自身、自らをダレイオス三世の後継者とみなしていたかのように示唆する者もある。この見方によれば、アレクサンドロスは、自らの王国をマケドニアから、スサおよびバビロンにあるアケメネス朝の中心地に移すことを計画していたことになる。アレクサンドロスがペルシア風の装束を身につけ、ペルシア宮廷の儀礼を採用したことは、このような「王国の移動」と関連付けられ、マケドニアから同行・従軍してきた者たちにとって、憂慮すべき事態として描写されている。別の見方を支持する者たちは、こうした慣習をアレクサンドロスが採用したのは、アケメネス朝ペルシア帝国東部を統治するのに必要な措置だったからであり、もしもアレクサンドロスが長生きをしていれば、彼は西方に目を転じ、おそらくマケドニアに帰還していたであろうと示唆している。

このようなはっきりとしない状況を打開するために、まずはアレクサンドロスの遠征について記された現存する叙述史料の想定読者について考えてみなければならない。アレクサンドロスの歴史を読むローマ人たちにとって、ペルシア人はなお敵であった。アケメネス朝の王に代わって、このときローマ人たちがユーフラテス川を挟んで対峙していたのは、パルティア帝国であった〔パルティアは前三世紀～後三世紀にかけて存在した王国。通常、ペルシア帝国とは区別されるが、イラン地方を根拠地とするとともに、アケメネス朝と共通の文化、制度も採用していた〕。ローマの指揮官が何度か遠征を行い、大河を越えてパルティア人と戦闘をくり返したが、結果はさまざまであった。アッリアノスは、皇帝ハドリアヌスを自らの史書の想定読者としているが、ハドリアヌスは前皇帝トラヤヌスとともに、アルメニア、メソポタミアに遠征を行っており、しかしやがて皇帝になると、ユーフラテス以東の領域から撤退してしまった。アッリアノスはアレクサンドロスを、ローマ人読者が模倣して張り合うような対象として描こうとしている。したがって、アレクサンドロスが自ら進んでペルシアの大王になろうとしたかのように思わせる出来事については、できる限り矮小化している。しかしながら、マケドニアの宮廷儀礼は、そもそもペルシア宮廷のモデルに常に何かしらの根拠を持つものであった。これまで見てきたように、そう想定するだけの根拠も十分にある。ペルシアの王制は、アレクサンドロスや麾下のマケドニア人たちにとって、さほど異様なものではなかったのだろう。現存する歴史叙述と同じ作品を読むローマ人の目に、どれほど奇妙なものと映ったとしても。

ペルセポリス炎上

アレクサンドロスは、身体的所作が重要であることを理解していた。彼は自らの権威を維持するのに役立つのであれば、アケメネス式の儀礼を採用した。しかし、アレクサンドロス以前、アケメネス朝の王たちは、自らの権力を誇示すべく、ときに破壊的行動をとることも辞さなかった。遠征中にアレクサンドロスがとった行動の中でも最も悪名高いものは、ペルセポリスの焼き討ちである。王宮を建築したのはダレイオスとクセルクセス、軍を率いてギリシアに進攻した王たちである。王宮炎上に関する物語のうち、現存する史料に記されたものとしては、次のような物語に人気がある。宴で泥酔したアレクサンドロスが、アテナイの娼婦タイスに唆され、アテナイを破壊したクセルクセスに報復しようと、彼の建設した王宮に火を放ち、破壊したのだという。この物語を基本形とした異伝が、アッリアノスを除く現存史料のすべてに記されているが〔プルタルコス38章、ディオドロス17巻72章、クルティウス5巻7章〕、アッリアノスだけは、アレクサンドロスが王宮を自らの意志で破壊したのだとしている〔3巻18章〕。どうやらアッリアノス自身、この行動を認めがたく思っていたようである。物質的証拠は、どちらかと言えばアッリアノスの醒めた見方を支持しており、さらに建物同様、王宮内の家具調度品なども破壊の対象となっていたことが明らかにされている（もっとも金銀は先に持ち出されていたようであるが）。現存する石材に残る焼け跡から、家具が積み上げられ、これに火が付けられていたことが判明しているのである。

何故、アレクサンドロスはペルセポリスを破壊しようとしたのだろうか。スサ、バビロンといった、他の王都には一切危害を加えていないというのに。新たな臣下、ペルシア人たちに慕われるような行動というわけでもなく、研究者たちも困惑した。最も可能性が高い説明は、これが実際に、アテナイを破壊したクセルクセスに対する象徴的な復讐であったとするものであろう。クセルクセスへの復讐は、ギリシア諸都市がアレクサンドロスの遠征に参加することを一面で正当化するものであったし、アレクサンドロスにとって無視することは難しかったのであろう。彼は他の王都から帝国を支配することもでき、ペルセポリスは必要なかったのである。後代になると、ペルシアの伝承はさらに大きな衝撃をこの焼き討ちに付け加えている。アレクサンドロスが、王宮に加えて、古代ゾロアスター教の宗教文書をも焼き払ったと主張しているのだ。しかし、これはありそうもないことである。

ペルシア人としての装束

アレクサンドロスの歴史家たちにしてみると、アレクサンドロスはイラン遠征以降、次第に「東方的」行動様式に溺れてゆき、性格が容赦なく崩壊してゆくことになる。史家たちは、彼がペルシア（あるいはメディア）風の装束と宮廷儀礼をいかにして採用し始めたのか、その様子を描写している。相手の体の一部を切り落とす行為もその一つであり、朋友たちに跪拝礼をさせる様子も記されている。そして同時に彼らは、アレクサンドロスが徐々に僭主・暴君化し始めていったかのごとくに描写している。かつての朋友たちは、捏造された告発により処刑され、あるいは激しい怒りから殺害された。現代の研究者たちは、こうした堕落と崩壊の物語に含まれているさまざまな要素を修正する一方で、これをおおむね真実として受け入れる傾向にあった。しかし、これは誤りである。アレクサンドロスの落魄、破滅は、東方世界の誘惑と腐敗を示す恰好《かっこう》の事例として、道徳家〔でもある歴史家・著作家〕たちに取り上げられていたのである。彼の人生をこのように理解するのは、伝記作家や歴史家たちにとってお決まりの定型だったのであり、これをそのまま受け取って理解してしまうと、いくつかの重要な事実を見落としてしまいそうになる。すなわち、マケドニアの王たちは、ペルシア帝国西部の太守とともに広範にわたるネットワークの一部を担っていたのであり、さらに太守宮廷で行われていた慣習も、マケドニア王をはじめ、エーゲ海世界の王たちの間でずいぶん普及していたのである。無論、太守たちの宮廷自体、ペルシア王の宮廷から影響を受けていた。換言すれば、アレクサンドロスはたしかに「東方世界」にやってきたのだが、その慣習は、すでに彼にはおなじみのものだったのである。これまでに、アレクサンドロスがエジプトおよびスサにおいて、ファラオあるいは王に求められる役割をとりたてて支障なく引き受けていた様子を見てきた。現存する古代の叙述は、アレクサンドロスが徐々にペルシアの装束を採用し、のちには公式の宮廷儀礼で「実験」を行って、身内のマケドニア人たちから疑念をもたれ、ときに敵意すら向けられることになった様子を描き出している。しかし、他のアレクサンドロス寄りの伝承では、マケドニア人の朋友たちの方が贅沢に耽っており、これに対してアレクサンドロスの方は、倹約と自制の模範のように描かれている（これはとりわけプルタルコスの中に見出される〔たとえば、40～41章〕）。しかし、いずれの伝承も説得的ではない。両者とも、読者が真似るべき道徳的な事例、あるいは忌避すべき非道徳的な事例を提示することに関心が向けられ、実際の出来事を正確に報告することには、さして関心がない。アレクサンドロスがイランの気候の中でペルシア風の装束を身につけたからといって、これに衝撃を受けるような素振りを見せるのは、同行していたマケドニア人たちよりもむしろローマの著作家、読者たちの方だったのである。遅くともバビロンおよびスサを訪問して以降、アレクサンドロスの移動宮廷は、周辺環境に適応した儀礼を採用してきたのであり、王自身の知的能力は些かも衰えてはいなかったということに、疑念を差し挟む必要はないのかもしれない。

宮廷儀礼

古代の著作家たち、そして現代の研究者たちの多くが何より関心を寄せてきた問題は、アレクサンドロスが自分の前で朋友・側近たちに跪拝礼をさせたかったのか否か、という問いである。アレクサンドロスの歴史家たちは皆、ペルシア人たちが通常、ペルシア大王の御前で慣習的に跪拝礼を行っていたと思っていたようである。しかしながら、これは正しくはなかった。敗北した敵のみが、そうするように求められていたらしい。さらに面倒なことに、歴史家たちはまた、跪拝礼がペルシア王の神格を認める方法であるかのように記している。そうして彼らは、アレクサンドロスがいかにしてこのような慣習を自らの宮廷儀礼の中に取り入れようとしたのか、その顚末を伝えているのである。彼は社交の場を実験的に利用してみたり、また自分の業績は崇拝に値するものだと主張して見せたりしている。しかしそれらの物語では、アレクサンドロスの宮廷歴史家カリステネスの導きにより、跪拝礼導入に対する反対運動が成功し、最終的にこの儀礼は中止されることとなっている〔たとえば、プルタルコス45、54章、アッリアノス4巻9～12章、クルティウス8巻5章〕。

しかしながら、カリステネスが反抗の指導者であったというのは、およそありそうにない。彼が記したアレクサンドロス遠征記は、阿諛追従で悪名高い。おそらくこの史書が元になって、アレクサンドロスがアキレウス、ヘラクレス、ペルセウスといった祖先にあたる英雄たちと張り合ったという物語が伝わり、あるいはアレクサンドロスの遠征が、神々に定められた勝利の連続であったかのごとくに記されるようになったのだろう。カリステネスは小アジア南岸沿いの遠征を記すにあたり、海の波がアレクサンドロスの前で跪拝礼を行っていると記している。またカリステネス自身に人望があったわけでもない。アレクサンドロスの朋友・側近たちが残した覚え書きには、カリステネスが社交的な場面で癇癪を起こしたり、無粋であった様子が示唆されている〔アレクサンドロスの側近・朋友の記録を情報源に『東征記』を記したというアッリアノスは、カリステネスのそうした側面を強調している。たとえば、4巻12章など〕。前三二七年、彼はアレクサンドロスに対する謀反の企てに巻き込まれて逮捕され、捕縛を解かれぬまま死亡した。しかしその死から数十年ののち、カリステネスは、アレクサンドロスがペルシアの慣習を採用すること、そして神々の末裔であると主張することに対して、異議を唱える人間として再生させられたのである。跪拝礼の導入、そしてカリステネスがそれに反対したという物語は、僭主・暴君に対して立ち上がる哲学者という、お決まりの物語の定型に、カリステネスの死を当てはめようとして創り出されたというのがありそうなことである。哲学者と君主の邂逅というのはギリシアの著作家にとって、ありふれた主題であった。古くはヘロドトスが、前六世紀にあったという、アテナイの哲学者・政治家ソロンとリュディア王クロイソスの対面について記述している〔『歴史』1巻29～33章〕。さらに後代の歴史も影響を与えていた。すなわち、クルティウス、プルタルコス、アッリアノスが筆を執る少し前、哲学者セネカがローマ皇帝ネロに自殺を命じられている。セネカはネロの家庭教師であった。アレクサンドロスの歴史家たちが執筆する頃には、もはやカリステネスは僭主・暴君的権力に対して真実を語り、殺害された「殉教」哲学者となっており、彼が跪拝礼に抵抗したという物語は、無視することができないほどよく知られるようになっていたのである。しかしながらそれは、我々が知る限り、アレクサンドロスの時代およびそれ以前のペルシアの慣習とは一致しない。したがってこれは、アレクサンドロスが宮廷儀礼に対してどのような関心を抱いていたのか、この問題に迫るための最善の道筋ではない。

これよりもいくぶん確信を持って主張できるのは、アレクサンドロスが、アケメネス朝の宮廷で一般的であった儀礼関連の役職に、配下の者たちを任じていたということである。アレクサンドロスの宮廷には、侍従あるいは案内役が配置されていたが、この地位はダレイオス一世治下の宮廷について記したヘロドトスの文章でも言及されていたものである〔たとえば、プルタルコス46章、ヘロドトス『歴史』3巻118章〕。そちらでは案内役が王への謁見を管理している。朋友へファイスティオンは、キリアルコスの称号を与えられたが、これもまたペルシア宮廷において見られる通常の地位であった。またアレクサンドロスは、高位のペルシア人たちを自らの取り巻きとした。これには彼の敵であったダレイオス三世の息子まで含まれている。そしてガウガメラの戦いののち朋友たちに土地を分配するに当たって、アレクサンドロスはペルシア王の如く振る舞い、効果的に朋友たちを新帝国の貴族階級に仕立て上げていった。治世の後半、彼はペルシア人およびマケドニア人有力者たちを数多く招いて、大規模な宴会を催したが、この出来事に関する記述は、アケメネス朝下のペルセポリスについて記された、古い文書から分かる情報とひどく似通っている。アレクサンドロスの歴史家たちは、この事実については素っ気なく記すばかりである。アレクサンドロスがこのことによって、他のマケドニア人たちと関係をこじらせたかのように思わせる記述は、とりたててない。

アレクサンドロスの妃たち

アレクサンドロスの結婚には、彼が自分自身をいかにして自らの新しい王国に組み入れようとしたのかが表れている。先に見たように、父親フィリッポスは何人もの妻を娶っており、結婚を隣国との関係維持の手段として利用していた。ペルシア王も有力貴族との結びつきを同じようにして強めていた。とりわけ王位継承が単純に行われなかったときなど、新王はしばしば前王の元妻や娘を娶った。アレクサンドロスは帝国北東部平定の一環として、イランの有力貴族の娘ロクサネと結婚した。前三二四年、東方遠征から帰還してくると、アレクサンドロスはさらに二人の女性と結婚する。一人はパリュサティス。アルタクセルクセス三世の娘にして、アルタクセルクセス四世の姉妹である。もう一人はスタテイラ。ダレイオス三世の娘であった。すなわち、これらの結婚によってアレクサンドロスは、ペルシア帝国最後の王、そしてその先王の一族と縁戚関係を持ったことになる。さらに、もしもアレクサンドロスが長生きをしていれば、王座を襲う後継者としてアケメネス朝の直系の子孫たちが生まれていたことになる。スタテイラとパリュサティスは、イッソスの戦いののち、ダレイオス家の他の者たちとともにダマスカスでマケドニア人に囚われていた。アレクサンドロスの歴史家たちは、アレクサンドロスがこれらの女性捕虜たちを、ダレイオスの妻や母親も含めて、きわめて丁重に扱ったと伝えている〔たとえば、プルタルコス21章〕。スタテイラとは、実際よりももっと早くに結婚する可能性があった。アレクサンドロスの歴史家たちは皆、ガウガメラの戦い以前、ダレイオスからアレクサンドロスに宛てて送られた書簡に言及しているが、そこでダレイオスは、ユーフラテスより西の地域の支配権とともに、スタテイラとの結婚を申し出ている〔プルタルコス29章、アッリアノス2巻25章、ディオドロス17巻54章など〕。そうした取り決めが合意に達していれば、アレクサンドロスは実質上、ダレイオスの共同統治者になっていたであろうし、さらにアレクサンドロスに息子が生まれ、その子が最終的に帝国全体を継承することになる可能性もあったわけである。アレクサンドロスが軍事的に勝利を収めたために、この協定は無用のものとなったが、スタテイラに男子が生まれていれば、その子はアレクサンドロスの後継者候補となっていたことであろう。アレクサンドロスが没すると、ほどなくしてロクサネは、どうやらスタテイラとパリュサティスを殺害したようだが、それは自分のお腹にいた子の地位を守ろうとしてのことだったのかもしれない。

アレクサンドロスの結婚について議論をすると、必然的に、彼が性に対して全般的にどのような態度をとっていたのかという問題を考えざるを得ない。この話題は、古代の著作家たちも見逃すことはなく、また現代の研究者の関心も惹いており、それゆえ現代のアレクサンドロス像にも影響を及ぼしている。しかし、古代の著作家たちが提起した問題は、のちに議論されたものとは異なっていた。アレクサンドロスの歴史家たちは、アレクサンドロスの性的関係についてさほど詳細には記していない。ただ、プルタルコスは手短に、アレクサンドロスがバルシネなる女性を妾にしていたということは記している〔21章〕。彼女は、ペルシア人有力者アルタバゾスの娘であり、ダレイオス王の艦隊を率いていた提督、ロドス島のメムノンの妻であって、イッソスの戦いののち、ダレイオスの家の者たちとともに囚われの身となっていた。しかしこうした話題よりもむしろ、アレクサンドロスの歴史家たちがいっそうの関心を示していたのは、アレクサンドロスの自制と性的禁欲の問題であった。これは囚われの身となっていたダレイオスの妃や娘たちの扱いにも現れている。こうした禁欲は、古代の著作家たちによってとりわけ男性的な徳であると考えられていた。彼らは、性的な傾向から性（セクシュアリティ）について論じたりはしなかった。アレクサンドロスが、女性と同じく、男性とも性的関係を持っていたのかという問題に関心を向けてきたのは、近代の著作家たちである。そこにはクラウス・マンやメアリ・ルノーといった小説家、オリヴァ・ストーンのような映画監督も含まれる。彼らはアレクサンドロスとヘファイスティオンの友好関係や、バゴアスという名のペルシア人宦官に関する物語に格別の注意を向けてきた。現存する古代の文献の中で、そのような関係にはっきりと言及しているものはない。もちろん、全くあり得ないわけでもないだろう。しかしながら、アレクサンドロスの同性愛を指摘することで、我々はこの人物を実際よりもロマンティックな存在として描いてしまう危険性を孕んでいる（クラウス・マンやメアリ・ルノーは同性愛者であり、彼らにとっては重要な意味を持ったであろう）。それは、合意の上で結んだ性的関係にばかり焦点を合わせて、アレクサンドロスが性に禁欲的であったと語るのと、同じことである。アレクサンドロスは成長してのち、生活の大半を軍事遠征と王宮で過ごしていたが、そこでは力を誇示することが秩序維持の一方策となっていた。したがって、おそらく、アレクサンドロスが男性と性的関係を持ったことがあるか否かではなく、男性であれ、女性であれ、望まない相手を手込めにしたことがあったか、あるいはどれだけ頻繁にそのようにしていたのか、という問題が議論されるべきなのだろう。そうした振舞は、アレクサンドロスの生きていた時代にこの人物について書き記した者たちにとって、取りあげるに足らないようなことだったのかもしれないが、こうしたことは、歴史上、どんな宮廷や軍隊にも付きものであり、もしもアレクサンドロスにそうした経験がなかったとすれば、全くもって驚くべきことであろう。

第七章　旅人　アフガニスタンとパキスタンのアレクサンドロス

本章ではアレクサンドロスによる東方遠征の中でも、第二部に当たる時期について考察を加えている。ペルシア帝国を手中に収め、東征の第一段階を終了したアレクサンドロスは、その後も歩みを止めることなく、中央アジア方面へと進軍し、現地諸勢力と戦闘をくり広げ、やがてインダス渓谷を南下してゆく。この間、激戦の連続にアレクサンドロスはいく度となく窮地に陥ったとも伝えられる。また、やがてインド北部を席巻することになる、若き日のマウリヤ王チャンドラグプタとも面会したとされている。遥か東方へと旅を続け、際限なく戦闘を続けるアレクサンドロスには、果たしていかなる思惑があったのだろうか。

この時期について「アレクサンドロスの歴史家たち」は、いくつもの不可思議なエピソードを伝えている。伝説上の女傑部族アマゾン族の女王タレストリスがアレクサンドロスを訪問し、二週間近くをともに過ごしたというのもその一つ。さらに歴史家たちは、アレクサンドロスの堕落、暴君化、そして麾下の兵士や王に近しい武将との対立、陰謀事件などをくり返し描き出している。いったいこれらは、どのような「物語」の一端をなしているのだろうか。前章まで読み進めてこられた賢明な読者諸氏ならば、著者の主張をすでにご理解なさっているかもしれない。本章でも、同時代に作成されたバクトリア出土のアラム語羊皮紙文書、そしてペルシア帝国の世界観（領土意識）などを手掛かりとして、「アレクサンドロスの歴史家たち」の「物語」に検討を加えてゆく。そして、現実のアレクサンドロスについては、ふたたび、地域の事情に応じて合理的な政策をとってゆく、理性的な統治者という側面が浮かび上がってくる。

前三三〇年の晩春、アレクサンドロスはペルセポリスを発ち、彼が勝ち取った帝国の東部へと新たなる遠征の途についた。帰還まで五年以上を費やすことになるだろう。この遠征には、アレクサンドロスの人生の中でもとりわけ奇妙な物語が出発の当初からつきまとい、ことのほか道徳的な説明が付され、それゆえに、この数世紀、歴史研究者たちを魅了し続けてきた。古代の著作家たちにとって、これはアレクサンドロスが東方の富に籠絡され、熱情を抑えることができなくなってしまった時期に当たる。またこの遠征は、どこまでも先へ進もうとする彼の癒えることなき渇望が、麾下の兵士たちの拒絶に遭い、ついに停止したときでもあった。さらにアレクサンドロスはアフガニスタンおよび周辺地域での暴動にうまく対処できなかった――このことが現代の作家たちには、この地域の支配が不可能であったことを示す最初期の証拠だととらえられている。また彼が宮廷に侍る者たちを処刑していったのは、彼が猜疑心に囚われ、暴君化し始めていたことの証左だとされている。さらにインダス渓谷の住民たちに対する扱いは、ジェノサイド（民族抹殺）とさして変わらないとも考えられている。近年になるまで、アレクサンドロスの東方遠征との関わりを示す確固たる証拠は、ほとんど何もなかったのだが、考古学者たちの仕事や、バクトリア（現在のアフガニスタン）のペルシア太守が残した文書の出土および公刊により、古代の著作家たちの見方に対して、重大な修正が加えられることとなった。

アレクサンドロスとアマゾン族の女王

アレクサンドロスが東方で行った活動については、ごく早い時期から空想的な物語が広まっていった。一つのエピソードが、その様子をとりわけよく示している。クルティウスは、アマゾン族の女王タレストリスが、カスピ海の近くにいたアレクサンドロスの陣営を訪問したという話を、ある程度詳しく記している（6巻5章）。女王は、三〇〇人の女戦士を伴って、アレクサンドロスの子を宿すためにやって来た。そしてこの目的を果たすのに、一三夜、王と過ごし、国許へ帰っていったという。プルタルコスは、この物語の起源について詳細を記している（46章）。彼は自分が読んだ著作には、ほとんどどれにでもこの話が伝えられていると述べ、著作家の名前も五人挙げているのだが、しかしこの物語に言及していない作家もまた九人列挙している。いずれのグループにもアレクサンドロスに同行した人物が含まれている。しかしプルタルコスは、そこからさらにこのエピソードに疑問を投げかける、次のような逸話を伝えている。これよりのち、オネシクリトスなる歴史家が、アレクサンドロスの遠征に参加した朋友・側近の一人、リュシマコスに対して史書を読んで聞かせたときのこと、話がアマゾン族の女王のくだりに来ると、リュシマコスは微笑んでこう質問したという。「それで、そのとき私はどこにいたのか」と。

クルティウスはこの物語を、アレクサンドロスがペルシア風の装束と宮廷慣習を採用したことに結びつけている。これらに、アレクサンドロスが完全に自制心を喪失してしまった兆候を見出しているのである。他に、アレクサンドロスがこの時点で初めて、ペルシアの装束を採用するに至ったと記す歴史家たちもいる。しかし先に見たように、マケドニアの宮廷儀礼はアレクサンドロスの治世以前からすでにペルシアの宮廷儀礼に影響を受けており、アレクサンドロスもまたすでにエジプト、バビロン、スサにおいて地元の期待に沿った振舞をしていた。

アフガニスタンへ

アレクサンドロスは当初、ダレイオス三世に帝国東部から新たな軍を立ち上げさせまいと考えて、東方遠征に着手したはずであった。しかしながら、前三三〇年の夏までにダレイオスは殺害されてしまう。裏切ったのは将軍ベッソス。彼は自ら王の名乗りを上げ、王名としてアルタクセルクセス五世と称した。アレクサンドロスにはこのとき、先王ダレイオス三世の殺害に対して、正当な王として復讐を行うという大義名分ができた。彼は軍を進め、現在の北イランからアフガニスタンへとたどり着いた。そこで彼は南に転じ、内陸山岳地帯を避け、カンダハルからカブールに向かう現代と同じ道筋をたどり、北西に転じてバクトラ（現代のバルフ）に向かい、オクソス川を渡った。この川は現在アフガニスタンとウズベキスタンの境界となっており、アレクサンドロスの時代にはバクトリア州とソグディアナ州の境となっていた。これまでにベッソスはペルシア人の仲間から信頼を失っており、彼らの反抗に遭い、しまいにはアレクサンドロスに引き渡されることとなった。前三二九年春のことである。しかしアレクサンドロスは、ソグディアナ、バクトリアを離れるまで、さらに二年間、戦闘を継続した。タナイス川、あるいはヤクサルテス川の対岸にいた敵対的な集団が叛旗を翻し、アレクサンドロスはこれに対処することになったのである。

ギリシア・ローマ側の叙述では、この時期の戦いに関する物語が、マケドニア軍とマケドニア宮廷の視点から描かれている。小競り合いと都市の包囲戦が行われ、また時折アレクサンドロスの周辺で問題が生ずることもあったという。他方、交戦相手に関する情報はほとんどない。そうなると、アレクサンドロスが直面した問題についてついこんな風に想像してしまう。一九世紀にイギリスが、二〇世紀にロシアが、二一世紀にＮＡＴＯ〔北大西洋条約機構〕が〔アフガニスタン周辺で〕直面したのと同じ問題に直面したのであろうと。一九世紀中葉に歴史家ジョージ・グロートは、彼らを「未開ではあるが、勇猛な、バクトリアとソグディアナの部族」と記しており、小説家スティーヴン・プレスフィールドはアレクサンドロス軍の兵士たちを、現代の合衆国軍兵士と同じ言語を話し、同じ態度を共有しているかのように描き出した。しかしこの地域は、アレクサンドロスの時代には周囲から隔絶した未開の地であったわけではない。近年、アルタクセルクセス三世からアレクサンドロスの時代にかけて作成された文書が公開され、これによって、この地域がペルシア帝国に相当程度統合されていたことが明らかにされている。

図６　バクトリアで発見された文書　前 324 年作成。アラム語で，州内で分配される糧食が列挙されている

これらの文書には、羊皮紙に記された書簡が含まれており、そのうちのいくつかは、前三五三年から前三四八年の間にアフヴァマズダ（おそらくバクトリア太守）から別の役職者バガヴァントに送られたものである。バガヴァントの行動に対して不満が噴出し、アフヴァマズダはこれに対して何らかの措置を講じなければならず、またバガヴァントには速やかに任務を遂行させなければならなかった。両者は、バクトリアのみならずソグディアナについても職務上の責任を負っている。他の書簡や記録には、糧食の分配に関することが記されている。なかには帝都ペルセポリスから出土した前五世紀の文書に、形式上、非常によく似たものも確認されている。またバクトリア文書にはアラム語が使用されていた。前四世紀までに、ペルシア帝国で行政言語として用いられるようになっていた言語である（図６）。明らかにバクトリアは、アレクサンドロス訪問時、かなり統治が行き届いた、帝

国に十分統合された地域だったのである。すなわち、アレクサンドロスは、この地域が互いに反目しあう複数の部族の長たちに支配されていたがゆえに、手を焼いたのではなかった。むしろ厄介だったのは、行き届いた帝国の行政機構であった。こうした状況が敵対勢力、とりわけ叛逆者スピタメネス――ベッソスをアレクサンドロスに引き渡し、やがて自らアレクサンドロスに叛旗を翻した人物――によって効果的に利用されていたのである。

帝国の最果て

ソグディアナの北の境界、すなわちアケメネス帝国の北の境界は、ヤクサルテス川であった。これはギリシア人にはタナイス川としても知られており、アジアとヨーロッパを隔てるものと了解されていた。その先に広がるのはスキタイ地方で、アッリアノス〔4巻4章〕とクルティウス〔7巻7～9章〕はそれぞれ、アレクサンドロスがいかにしてこの川を渡り、さらにスキタイ人〔スキュティア人〕に向かって行ったのか、叙述している。両者の叙述は相当異なる。ただし、いずれの歴史家もアレクサンドロスが川を渡ろうとして供犠を執り行い、凶兆を得たところから叙述を始めている。アッリアノスの場合、続く供犠でも好ましい結果が得られず、アレクサンドロスは予兆を無視することに決めた。川を渡ってしばらくは行軍も順調であったものの、アレクサンドロスはやがて汚れた水を口にし、重い病に倒れ、再び同じ川を渡って引き返さねばならなかった。クルティウスの物語では、二回目の供犠で大変よい結果を示したことになっている。先の凶兆は、その時点ではまだアレクサンドロスには報告されていなかった、麾下の兵士に対する待ち伏せ攻撃についての予兆であった。しかし、ヤクサルテス川を渡って行われた遠征は、完全なる成功であったという。二つの筋書きのうち、いずれが正しいのか。これを決定することは困難であるが、いずれにしても両者ともに、ヤクサルテス川を渡るというアレクサンドロスの行為が、象徴的にきわめて大きな意味を有していたということを示唆している。

かつて、前五一八年頃、ダレイオス一世もこの地域に遠征を行っている。のちに、自らの支配について記したベヒストゥンの碑文に増補を書き加えた際、彼は、スキタイ人と戦うために「海」を渡ったと記している。ダレイオスと彼の後継者たちは、自分たちの帝国が海から海まで広がっているものと考えており、この考えの中で、ヤクサルテス川は北の海とみなされていた。ヤクサルテス川を渡っておきながら、北方の領域を保持し続けようとはしなかったことからすると、アレクサンドロスは、海から海までの範囲で権威を主張する、前任のアケメネス朝の王たちの慣行に従ったことになる。また、こののち彼がパキスタンのヒュファシス川でとった行動も、おそらくこれと同じことを意図していたものと思われる。

アレクサンドロスは最終的に、ソグディアナとバクトリアの問題を解決することに成功した。その過程で、彼はアケメネス朝で確立していた慣習に従い、地元有力者と婚姻を通じて結びつきを深めた。新妻の名はロクサネ。有力ソグド人、オクシュアルテスの娘であった。のちにアレクサンドロスは、この新妻の父親をバクトリア南部地域の太守に任じている。ギリシア・ローマの歴史家たちは、ロクサネの重要性を認めたくないらしく、この婚姻が恋愛結婚であるとしており、クルティウスの場合〔8巻4章〕、ロクサネがアレクサンドロスよりも社会的にはるかに劣っていたと主張している。しかしながら、明らかにこの結婚によってアレクサンドロスは、この地域の支配を堅固なものとしている。先に議論したバクトリアの文書史料の中に、アレクサンドロスの治世七年目、すなわち前三二四年に記された三か月分の糧食一覧表が含まれているが、この時期、太守による統治が円滑に機能していたことが分かる。こののち、バクトリアは数世紀にわたってアレクサンドロスの帝国であった地域の中でも非常に繁栄した地域となる。

宮廷の陰謀

軍事活動による危険性とは全く別に、アレクサンドロスには自らの宮廷の中で危害を加えられる危険があった。脅威と言えるほどのものが、近しい助言者たちからもたらされることはなかったが、二度ほど、陰謀事件が波及して重臣の死につながったケースがあった。アレクサンドロスや彼と同時代の人々にとって、謀略は宮廷生活をする以上、避けようのないものであった。父親はかつての衛兵に暗殺されており、またそれがさらに大規模な陰謀の一端であったのかどうかも判然としないままであった。しかし後代の著作家たちにとって、とりわけローマ皇帝の治世下に暮らしていた者たちにとって、こうした出来事は専制政治下で宮廷人がいかに振る舞うべきか、振り返る契機となっていた。また現代の研究者は、二〇世紀の独裁政治をモデルとしてアレクサンドロスの宮廷を描くこともあり、そのため、ときにさらなる時代錯誤を犯すこともあった。

前三三〇年秋、アレクサンドロス暗殺計画が露見した。周辺の者たちのうちでも有力でない者たちが相当数関わっていた。アレクサンドロスの朋友・側近の一人、パルメニオンの息子、フィロタスも関与していたか、あるいは計画を知っていながら対応措置を何も取らなかったと言われた。フィロタスは審判に服し、死刑判決を受けた。アレクサンドロスは、パルメニオンにも死刑を命じた。パルメニオンはこのときメディア地方のエクバタナで指揮に当たっていたのだが、これだけ離れていては、フィロタスとパルメニオンが何らかの罪を犯していたのか否か、見極めることは難しい。また彼らが処刑されるに至ったのは、おそらく王宮内の個人的な対抗関係に起因するものだったのだろう。王宮では王に気に入られようと人々が競い合いをくり返していたのである。アッリアノスは、フィロタスの有罪を自明のこととして簡潔に述べているに過ぎないが〔3巻26章。プルタルコス49章も参照〕、これに対して、クルティウスは、フィロタスの裁判について大変詳細に記しており、双方の非難演説で閉じている〔6巻7～11章〕。この辺りの叙述は、歴史家タキトゥスの筆致に似たところがある。彼は、ローマ皇帝ティベリウスの治世に行われた、元老院議員らに対するいくつかの裁判について記しており、クルティウスの記述はこれに部分的に類似しているのである〔たとえば、『年代記』6巻8章〕。クルティウスはこのような手法を用いて、ローマの読者のために、かつてある支配者が専制の度合いを強め、疑り深くなり始めたときの様子を再現したのであった。

第二の謀略も、ある宮廷人の死につながっている。前三二七年春、アレクサンドロスがロクサネと結婚した頃、王の小姓たちが彼の暗殺を謀議した。これはヘルモラオスなる小姓に、アレクサンドロスが狩りの最中、屈辱を与えたことに起因する。小姓たちは王に容易に近づくことができ、彼に対する策略を実行するには都合のよい位置にいたため、ヘルモラオスはそうした計画を立てたのである。アレクサンドロスは徹夜をしていたことで何とか難を逃れ、計画は明くる日に露見することとなった。続いて行われた調査の中で、アレクサンドロスの宮廷歴史家カリステネスが計画に関与したとされ、捕縛されている。他の計画同様、彼が罪を犯したのか否か、知ることはできない。またとりわけこの場合、彼に何が起こったのかすら分からない。アッリアノスは、当時、その場にいたはずの歴史家たちが、彼の運命について異なる説明をしていると述べている〔4巻14章〕。プトレマイオスは彼が処刑されたと記し、アリストブロスは拘留されたまま病で死亡したとしている。現存する叙述では、カリステネスが死亡した本当の理由は、アレクサンドロスが神のごとき地位を主張し、側近・朋友たちに跪拝礼を要求していたのに対して、この歴史家が反対したためだとされている〔たとえば、プルタルコス54～55章〕。すなわち、小姓たちの謀略は単に彼を逮捕するための口実に過ぎなかったのだと。現代の研究者たちは、ほとんどがこちらの物語を受け入れてきているが、先に見たように、こちらにも問題はある。

フィロタスの捕縛とカリステネス逮捕の間に、もう一つ、廷臣の死に関わる重要な事件が起きている。アレクサンドロスは側近・朋友のクレイトスを、酒宴ののち、槍で突き刺している〔アッリアノス4巻8〜9章、プルタルコス50〜51章、クルティウス8巻1〜2章、ユスティヌス12巻6章〕。クレイトスは、アレクサンドロスの父、フィリッポス麾下で騎兵隊長を務め、アレクサンドロスの下でも引き続き同じ役割を担っていた。彼はアレクサンドロスの命を、前三三四年グラニコス河畔の戦いで救ったとも言われている。前三二八年の秋、アレクサンドロスは彼をバクトリアの太守に任じた。現存する叙述が一致して伝えるところによれば、このすぐあとの晩餐で両者の間に論争が生じた。しかし議論の中身、それぞれが実際に何をしたのかについては、記述内容が一致せず、おそらく信用できるものでもない。しかしその晩、結局アレクサンドロスはクレイトスを殺害することになる。両者ともおそらく酩酊していたのだろう。ローマの道徳家は、クレイトスの死とカリステネスの死を並べて、王が朋友を殺害する二つの事例としており、現存する作品の作者たちは、彼ら二人に同じような非難を言わせている――なかでも、アレクサンドロスがゼウスの息子と称して、父親フィリッポスの記憶を汚していた、と非難したことになっている。これは、後代、アレクサンドロスに向けてなされた典型的な非難である。そしてこれにより、クレイトスの死にさらなる重要性が付け加えられた。すなわち、アレクサンドロスが徐々に、死すべき運命を持つ人間であることを弁えないようになってきたために、重臣に対する処刑が行われたのであり、これはそのもう一つの例だとされたのである。しかし、十中八九、この事件の顚末を一番よく説明するのは、いかなる王宮にも当てはまるような、対抗関係と野心が渦巻く雰囲気、そしてその中で酒と男と武具が揃っていたということであろう。

インダス渓谷へ

アレクサンドロスはアフガニスタンから南東へ向かい、ヒンドゥクシュ山脈を通り、インダス渓谷の北部、現在のパキスタンに当たる地域にまで進軍した。ヘロドトス『歴史』によれば、ダレイオス一世はかつてこの地域に遠征を行っており、またインダス地方の西部、彼がインディアと呼んでいた地域は、ペルシア王に貢納を納めていたという〔3巻94章〕。この地域に関しては、ダレイオス一世の治世からアレクサンドロスの到来に至るまであまり情報がなく、アケメネス朝の王の権威がどれほどまで東方に及んでいたのか定かではない。ただしアッリアノスは、バクトリアとの境界地域にいたインド人の分遣隊が、ガウガメラの戦いにおいてバクトリア人と並んで戦闘に参加したと記している〔3巻8章〕。いずれにせよ、ギリシア・ローマの歴史家にとっては、この点も重要な問題ではなかった。彼らの叙述はそれよりもむしろ、アレクサンドロスが古の英雄たちを超え、さらなる東方へと旅したという点に焦点を合わせていた。アレクサンドロスは、英雄ヘラクレスですらも襲うことができなかったという難攻不落の砦「アオルノスの岩山」と思しき場所を占拠し、さらに朋友・側近とともにかつてディオニュソス神が訪れたという都市ニュサに滞在した。この街にはディオニュソスと特別関係の深い西洋キヅタが生えており、近隣地域では唯一ここでしか見つからない植物であるらしく、このことこそ神の訪問の証であると理解されていた。

ヒマラヤ山脈を下ってインダス川に注ぎ込む大きな支流は、西から東へ順番に、ヒュダスペス川（現ジェラム川）、アケシネス川（現チェナブ川）、ヒュドラオテス川（現ラヴィ川）、ヒュファシス川（現ビアス川）の四つである。これらの川に挟まれた領域は、いく人もの王によって支配されており、彼らは互いに対立していた。アレクサンドロスはここで、帝国のその他の地域とは異なる統治形式を採用した。太守や地域の軍事指揮者を新たに任命することはせず、彼の権威を受け入れることに同意した地元の王たちに地位の維持を確約したのである。これを行った最初の重要な支配者は、タクシレスである〔アッリアノス5巻8章〕。彼の領土はインダス川とヒュダスペス川の間に位置していた。その結果、アレクサンドロスは、ヒュダスペス川の東岸、タクシレスの領地の傍を治めていたポロスと対抗することとなった。

アレクサンドロスは迅速に川を渡ってポロスを破った〔たとえば、アッリアノス5巻9〜19章、プルタルコス60〜62章、ディオドロス17巻87〜89章〕。アジア遠征中、四番目にして最後の大規模重装歩兵戦であった。勝利を記念して、一連の大型銀貨（あるいはメダリオン）が製造された。これらは「ポロス・デカドラクマ貨」あるいは「エレファント・メダリオン」として知られるもので、一方の面には単独の騎兵が、象を駆る背の高い二人の兵に攻撃を加えている場面が描かれている。二人のうちの一方は、騎兵に槍を投げている。これは一般に、アレクサンドロスとポロスを描いたものとされている。もう一面には、完全

図７　インド遠征の勝利を祝してアレクサンドロスが発行した硬貨，あるいはメダリオン　表面には，背に戦士を乗せた象と，これを攻撃する馬上の兵士の姿が見える。おそらくアレクサンドロスとポロスを表現したものだろう。裏面では，武装したアレクサンドロスが，雷霆を携え，勝利の女神に加冠されている

武装をしたアレクサンドロス自身が雷霆を手にしており、翼をもった勝利の女神によって冠を授けられる場面が描かれている（図７）。戦闘から二年ほどのち、遠征から帰還したアレクサンドロスに対して、アテナイ人は「不敗神」という称号を授与することになるが、硬貨（あるいはメダリオン）に描かれた諸々の要素は、おそらくこのことと関連づけて理解されるべきなのだろう。また発行の目的は、アレクサンドロス軍の兵士たちに対する褒賞であったと考えられる。アレクサンドロスの姿は、軍隊がイメージしたがっていたような姿、すなわち万能であり、勝利にふさわしい姿で描かれており、またギリシア諸都市もまた、同じような尺度で彼の成功を認識していたのであろう。しかし、このような貨幣を発行させたからといって、アレクサンドロスが自らの「神格」を認めるよう要求していたとみなすべきではない。

アレクサンドロスが戦闘後に見せたポロスに対する処遇

は、後代、人気の主題となった。一八世紀イタリアの詩人メタスタシオの台本を基にした一連のオペラ作品や、全編アレクサンドロスを扱った初の長編映画、ソラブ・モディ監督『シカンダル』（一九四一年）など、多くの作品で扱われた。破れたポロスが同盟締結を約束すると、アレクサンドロスは彼の復位を認め、ポロスはさらに領域拡大すら果たしたのであった。

帰還？

こののちアレクサンドロスは東進を続け、アケシネス川、ヒュドラオテス川を越えて、ヒュファシス川にまで到達した。この場所は、のちにアレクサンドロスの物語の中でもきわめて頻繁に語られることになる。伝承によれば、このヒュファシス川の岸辺において、アレクサンドロス軍の兵士たちはとうとうこれ以上の従軍はできないと行軍を拒否したのだという。これに対してアレクサンドロスは、幕舎に引きこもり、誰の訪問にも応じずにいたが、やがて兵たちを従えずとも遠征を継続すると言い放ったともされる。しかし、これでも兵士の気持ちを変えることはできず、彼は彼らの願いを入れて、帰途に着くこととした。これは現存する叙述すべてに見られるエピソードの一つであり、このため信憑性に疑念が呈されることはほとんどなかった〔たとえば、アッリアノス５巻25～29章、プルタルコス62章〕。しかし、このように統一的であるということは実際のところ、現存する叙述のうち最初のものが作られるよりも前に、そのエピソードが流布していたということを証明しているに過ぎない。大変忘れがたい話で、それ以降の作家たちが看過することができなかったということである。このエピソードが創作であると考えるだけの理由は十分にある。ヒュダスペス川から東に進軍する前、アレクサンドロスは軍を川沿いに移動させるため、輸送船隊の建造を命じている。ヒュファシス川は、ペルシア帝国とインドの境界と考えられていたらしい。ヤクサルテス川がソグディアナの北の境界になっていたのと同様である。アレクサンドロスは自らの権威を誇示しようと、ヒュファシス川を渡り、しかるのちに西岸に戻ってくることを考えていたのかも知れない。実際、彼はヤクサルテス川でもそうしているし、治世の初めにはドナウ川でもそのようにした経験がある。もしもそうならば、プトレマイオスが主張していた（とアッリアノスが伝えている）ように、アレクサンドロスを妨げたのは、兵士ではなく、凶兆だったのかも知れない。アレクサンドロスは帝国東部において、ダレイオス三世から勝ち取った領土の支配権を確立しようとしていたのであり、そう理解した方が新たな征服地をどこまでも追い求めていたと理解するよりも理に適っている。アレクサンドロスの歴史を記した作家たちは、アケメネス帝国の現行の境界がどこにあったのかには関心がなく、そのために、アレクサンドロスの移動をすべて新領域の獲得として提示している。しかしアレクサンドロス自身は帝国の境界域をよく知っていたのであろう。彼は、それまでに支配権を主張していた領域の東端に達してしまったのであり、そこで南方に向きを変え、大海原に向けて行軍する準備ができたのである。彼はまだ帰還しようとしてはいなかった。

大海原へ

インダス渓谷からインド洋に向けて行軍するアレクサンドロスの物語に関しては、アレクサンドロスの歴史家たちに完全に頼らざるを得ない。ギリシア側からも、インド側からも碑文が残されておらず、主要河川の流路が頻繁に変わるため、考古遺物があったとしても消失してしまうのである。アレクサンドロスはヒュダスペス川を下り、別働隊が川沿いに進軍した。彼の目的はどうやら、この地域の指導者たちがそれぞれの立場で彼の支配権を認めるならば、彼らを承認し、抵抗すれば精力的に攻めることで、自らの権威を主張することにあったらしい。この方針は他地域でも同様であったが、現代の研究者たちは、遠征の中でもこの段階を格別に暴力的で、破壊的なものとして示す傾向にあった。たしかにアレクサンドロスが抵抗を受けた場所もあり、また彼が受けた傷のうちで最も重いものは、パンジャーブ地方南部のとある都市を包囲していた最中に受けたものであった。パンジャーブ地方南部では、たしかにインダス川東岸地域に軍を進軍させ、必要に応じて戦闘も行ったが、アレクサンドロスにはこの領域に直接支配をうち立てるつもりはなかった。彼はおそらく、ダレイオス一世の例に倣い、帝国の東の境界としてこの川を利用したのであろう。やがてこの地域が、アレクサンドロスの帝国のうちで最初に他人によって奪われる場所となる。プルタルコスは、アンドロコットスなる若いインドの王が、パンジャーブにいたアレクサンドロスの宮廷を訪問したと伝えている〔62章〕。この人物こそ、チャンドラグプタ・マウリヤ。前三二一年頃に権力を得るや、ガンジス・デルタからインダス川に至るまで、北部インドのほとんどの地域を一気に支配圏に収めた人物である。前二九八年に彼が退位するまでに、マウリヤ帝国はインダス川西岸沿いの諸州を含め、南アジアの大半を版図に収めていた。

アレクサンドロスにとって、インド洋への到達は、明らかに遠征の大団円を意味していた。これを祝って、海辺で神々に犠牲が奉納された。しかし遠征の最終段階は、彼の旅の中で最も悪名高く、そしておそらく最も誤解されたものとなった。

ゲドロシア砂漠

アレクサンドロスは、船隊をパンジャーブからインド洋へと進めた。彼は船隊をペルシア湾、ティグリス・ユーフラテス川の河口へと航行させ、そこから川を遡上してバビロンまで戻る心づもりであった。メソポタミアからほぼアフガニスタンに至るまで水路を採ることができれば、それは大変都合のよいことであっただろう。しかし船隊は、イラン南岸のおよそ航海には不向きな地域を、補給を得ながら進まなければならなかった。それゆえアレクサンドロスは、インダス・デルタからパサルガダエへと戻るに当たって陸軍を率い、南イランのゲドロシア地域を通過していった。その目的は、アッリアノスが記すように、ペルシア湾を航行する船隊に対し、新鮮な水と穀物を確実に供給できるようにすることにあった〔6巻23章〕。これは疑いなく、難しい仕事である。この領域はほぼ砂漠であり、海岸には碇泊するのに適切な場所もほとんどなかった。陸路は二か月を要したが、成功とみなすべきであろう。クレタ島出身の提督ネアルコスの指揮下に、船隊が問題なく航海を終えることができたのだから。

アレクサンドロスの時代以降に作品を記した古代の作家たちは、ゲドロシアを通過する行軍を、アレクサンドロスの傲慢と愚行に起因する大惨事に変えてしまった。いくらかの困難もありつつ、アレクサンドロスが目的を達成することができた様子を淡々と描写したあと、アッリアノスは、砂漠越えの行軍が直面した困難について一連の物語を伝えている〔6巻23～26章〕。彼は自分の主たる情報源の中にそうした記事を見出すことはできなかったものの、「伝える価値があり、また完全に信用できないとまでは思われない〔1巻序文〕」と考えたに相違ない。プルタルコスは、アレクサンドロスがインドに従軍した軍兵の四分の三をゲドロシア砂漠で失ったと主張している〔66章〕。しかし、彼は兵士の半分もゲドロシアに率いて行ってはいない。おそらく現代の研究者たちは、恐怖の物語をあまりに軽々しく受け入れ過ぎていた。砂漠越えの行軍は、ヒュファシス川で撤退を余儀なくさせた兵士たちに対する、アレクサンドロスなりの報復であったと示唆することさえあった。これは古代の作家たちの考えとは異なる。アッリアノスは、アレクサンドロスが名高き先人キュロス大王と、バビロンの伝説上の女王セミラミスの上を行こうとしていたのだという見方を伝えている〔6巻24章〕。彼らはそれぞれ、砂漠を越えたものの、ほぼ全軍を失ってしまったとされている。砂漠越えの行軍について物語る際、関心の的になっていたのはアレクサンドロスの愚行ではなく、彼の超人的な忍耐力であり、この点に目を向けるべきなのである。

砂漠を抜けると、途はまずパサルガダエとペルセポリスへ、そしてスサとエクバタナへと開かれていた。やがて、バビロンへと向かう最中、アレクサンドロスの人生の最終章が幕を開けることとなる。

第八章　死にゆくさだめ　バビロンのアレクサンドロス

神の子と称したアレクサンドロスにも、とうとう最期のときが訪れる。本章では主として、アレクサンドロスのバビロン入城から死までを扱う。ここでも「アレクサンドロスの歴史家たち」が描き出す、ローマ時代の視点から描かれた「物語」の終焉が、再検討に付される。とりわけ最後のバビロン入城前後に関する「アレクサンドロスの歴史家たち」の叙述は、これまですでに何度か見てきた、バビロンの学僧たちが記した楔形文字の粘土板文書、そしてバビロンで行われていた伝統儀礼に照らして考察が加えられることになる。

そして、死。マケドニア王としてマケドニア、近隣地域、そしてギリシア世界を配下に収め、さらにわずか十数年で東方の大国アケメネス朝ペルシアをも併呑し、未曾有の大帝国を掌中にした人物が、王都バビロンに帰還するや三二歳という若さで夭折した。この衝撃的な結末は、人々のあらゆる想像力を刺激したに相違ない。アレクサンドロスの死因や今際の際の言葉について、いったいどのような勢力によって、いかなる伝承が生まれていたのだろうか。はたまたアレクサンドロスの死は、死後、王を取り巻いた人々によって、どのように利用されたのだろうか。

アレクサンドロスの人生の最終章は、バビロンが舞台であった。アレクサンドロスは遠征の途上すでに、わずかの間だが、この街に滞在している。彼が最初に入城したアケメネス朝の王都であった。すでに見たように、バビロン天文日誌のある断片にはガウガメラの戦いにおけるアレクサンドロスの勝利が報告されており、そこで彼は「世界の王」と称されていた。この日誌は続いて、彼がバビロンの長官と交渉し、マルドゥク神の聖域エサギラを修復することを約束して、前三三一年一〇月二〇日にバビロンに入市した旨、報告している。それから八年目に入って程なく、前三二三年春にアレクサンドロスはバビロンに帰還し、そしてこの地で人生の最期を迎えることとなった。この街でアレクサンドロスがとった行動、それから彼と学僧との関係については、バビロンの記録を用いることで重要な側面を明らかにすることができるかもしれない。ギリシアやローマの叙述に見られる理解しがたい物語を、理解するのにも役立つだろう。

バビロンの学問

天文日誌を記していた学者たちは、バビロニア年代誌の作成も任されていた。これは、日誌と同様、とりたてて註釈も付さずに重要な歴史的事件を記録したものであり、王の碑文とは性格を異にする（碑文は、公表することを目的に制作されたもので、王の徳と力を強調して記されている）。年代誌はナボナッサル王（前七四七年～前七三四年）の即位を紀元としており、少なくとも前二世紀の後半まで続けられていたことが知られている。アレクサンドロスが王であった八年は、バビロニアの歴史において重要な年月ではあったが、この文脈で言えばほんの一瞬に過ぎない。

バビロンの学者たちは同時代の記録を作成するばかりでなく、過去の出来事を元に、将来の指針となるような作品をもつくり出していた。『エヌマ・アヌ・エンリル』はその一つであり、蝕など、天文事象を一覧にし、それらが何の予兆となっていたのかについて書き記している。これらはすべて、王を支えることを目的としており、王の治世が長く続き、都市バビロンがその恩恵を享受するために製作された。天文事象を記録し、王に対する潜在的脅威を見極めることに加えて、学僧たちは王に対し、予想される危険を回避するためにいかなる行動をすべきか、助言もしていただろう。

アレクサンドロスのバビロン入市、前三三一年

かつてガウガメラの戦いに勝利し、初めてバビロン入市を果たした際、アレクサンドロスは、アッシリアのサルゴン二世〔前七二一年〜前七〇五年〕やペルシアのキュロス大王といった、かつてこの都市の新支配者となった者たちを範として、これらの先例に倣っていた。アレクサンドロスのバビロン入市を記した叙述は、クルティウスによって伝えられているが〔5巻1章〕、そこでは、これら古の王たちの公式記録に見られる、定型の記述がくり返されている。都市の人々は歓んでいたと記されており、新王の方は神々に犠牲を捧げ、神殿の修繕を約束している。修繕が約束されたからといって、必ずしも神殿が

損傷していたということを意味するわけではない。大規模な煉瓦建築ならば常に手入れが必要であったし、また王たちは単に神殿を維持するのみならず、拡張することもあり得た。都市の建築に心を砕くのは、有徳の王たる証であった。アッリアノスは、クセルクセス王がバビロンの神殿を破壊したと主張しているが〔3巻16章〕、バビロンの記録にはそのような言及がいっさいない。

現存する歴史叙述はいずれも、バビロンにおけるアレクサンドロス戴冠についていっさい何も語っていないが、彼はたしかに入市に当たって王と認められていたのであり、バビロンの記録ではこれ以降、そのように記されるようになった。入市後、アレクサンドロスはバビロンの占い師たちを厭うことなく伺候させるようになったのだが、この事実は、プルタルコスの目には、彼が徐々に迷信的な行動に囚われていったことの象徴と映った〔たとえば、75章〕。しかし都市の宗教・行政機関を利用し、王に助言させ、協力させるというのは、彼の王としての地位を考えれば、当然のことであった。このときアレクサンドロスは、バビロンに長期滞在することなく、別のペルシア王都、スサとペルセポリスへと移動した。しかしアレクサンドロスは、人生の終わりにバビロンに帰還することとなり、そしてそのときにも再び神官たちの指示に従うこととなる。

前三三一年九月二〇日、バビロン暦ウルール月一三日、ガウガメラの戦いの一一日前に月蝕があった。空には土星が上り、木星は沈んでいた。先に扱った天文日誌にはこのように記されている。この月蝕は、現存するアレクサンドロスの歴史家たちにも言及されており、また『エヌマ・アヌ・エンリル』にも、この日の月蝕が意味することについて説明が施されている。すなわちこれは、現在の王が崩御するばかりか、王子が王座を継承することはなく、新支配者が西方より現れ、八年にわたって支配することまでをも予言しているという。前三三一年九月の月蝕ののち、戦いが行われ、実際にダレイオスの治世は確実に終焉を迎え、その後いくらかして、王の人生も終わりを迎えた。彼の跡目は、実際、西方からの支配者アレクサンドロスが継ぐこととなった。しかし前三二三年一〇月にはアレクサンドロスの治世も八年を数え、こちらも終焉を迎えることになるだろう。運命を避けることができなければ、アレクサンドロスの未来は、暗いものに思われた。

アレクサンドロスのバビロン入市、前三二三年

アレクサンドロスは、前三二五年の終わりにはインド遠征から戻ってきていた。翌年の夏をメディア地方の王都エクバタナで過ごし、秋から冬にかけてはザグロス山脈北部のコッサイア人に対して軍事遠征を行って、その後、前三二三年春にバビロンへの帰路に就いた。アッリアノス〔7巻16章〕とディオドロス〔17巻112章〕によれば、ここでアレクサンドロスは、バビロンの神官から、入市は危険であるから控えるようにと勧告を受けたという。おそらく彼らは、前月、五月に起こった二つの蝕、月蝕と日蝕を受けて、そのように発言したのであろう。この日の月蝕が意味するところは「世界の王が死に、王朝が終わりを迎えるだろう」ということであった。こうした予言は一〇〇日以内に実現するものと考えら

れていたが、ときに遅れることもあった。また神官たちは、前三二三年四月・五月に日蝕が起こるものと予測していたようだが、これらは結局見ることができなかった。アッリアノスは、アレクサンドロスが西から入市せぬよう助言されたとしており、当時、王に従軍していたアリストブロスに従って、次のように付記している〔7巻17章〕。アレクサンドロスは、神官たちの助言に従おうとしてはいたものの、しかし地面が水浸しでぬかるんでいたため、この街を迂回することができなかったのだと。不幸が訪れるという予言を語る際、中心的な登場人物が不運を回避しようと努めるものの、如何ともしがたい状況によって回避不能に陥るというのはよくある物語の定型である。この伝承を伝えるアッリアノスも、物語にこのようなメッセージが込められているということに、明らかに気が付いている。しかしだからと言って、これが基本的に正確な叙述ではないということにもならない。

どうやら、アレクサンドロスが助言に反してバビロンに入市したあとのことか、あるいは入市を控えて待っている間のことか、いずれかのタイミングで、彼を災厄から守るために、また別の儀礼が執り行われたらしい。行われたのは「代理王儀礼」である。これはアッシリア文書に記されているもので、王は一時的に〔通常一〇〇日間〕退位し、この間、犯罪者や精神に障碍のある者が代理王とされた。これにより、あらゆる災厄が真の王の代わりに代理王に降りかかることとされ、さらに予言された危機の時期が過ぎてしまえば、代理人は処刑され、真の王が治世を再開することになっていた。バビロンの記録にこの儀礼に言及したものはない。プルタルコスと同時代のギリシア人作家ディオン・クリュソストモスが、これはペルシアの慣習であったと誤って述べている〔『王政論　その四』第4弁論66～67節〕。これはおそらくアッシリアからバビロニアの人々によって受け継がれたものであり、彼らによってペルシア時代、そしてそれ以降にまで伝えられたものだったのだろう。ディオドロス〔17巻116章〕、プルタルコス〔73章〕、アッリアノス〔7巻24章〕の叙述では、精神に障碍のある者、あるいは精神錯乱者が、アレクサンドロスの王衣と王冠を身につけ、玉座に座っているところを発見されたという物語が記されている。そこでは、この出来事がアレクサンドロスに迫り来る死の予兆であったとされ、この人物は自発的に玉座に向かっていったということが示唆されている。しかしながら、事件の基本的な要素が代理王儀礼とあまりにも似通っており、偶然の一致とは考え難い。これらはむしろ、アレクサンドロスが前三二三年にそのような儀礼を受けていた証拠とみなすことができるかもしれない。ところが、彼は明らかに六月にはもう玉座に戻っていた。

死

プルタルコスとアッリアノスはいずれも、アレクサンドロスの人生が幕をおろす最後の数日についてきわめて詳細な記述を残している。その下敷きとなったのは、『王の日誌』と呼ばれる文書である。彼らはこれに、王の日々の活動に関する真正の報告が記録されていると信じていた。もちろん、そのような記録などそもそもありそうにないとまでは言えないが、しかし、後二世紀の作家たちに利用できたものが、そうした報告書にどれほど関わりがあるものだったのか、多くの研究者たちが疑問を呈している。このような『日誌』に記された叙述に従って、プルタルコス〔76章〕とアッリアノス〔7巻25～26章〕は、アレクサンドロスが熱に侵され、人生最後の数日間を寝台に横たわったまま過ごし、王として求められた宗教儀礼を執り行い、アラビア遠征計画について武将たちに指示を与えていたと記している。彼は徐々に衰え、口がきけなくなり、そして息を引き取ったという。これらはいずれも、あり得ないことでない。アレクサンドロスはまだ三二歳であったが、かなりの傷を負っており、とりわけパンジャーブ地方では胸に深手を負っていた。彼はまた大酒飲みでもあった。側近・朋友であったヘファイスティオンは、前年、エクバタナにおいて同様の状況で亡くなっていた。殺害された疑いも特にない。

しかしながら、彼の死後数年のうちに、アレクサンドロスが毒殺されたという話が流布し始めることとなった。これは避けがたいことであった。アレクサンドロスの歴史家たちが記した物語では、たいてい、ギリシアにいたアレクサンドロスの摂政アンティパトロスが暗殺計画を立て、アリストテレスから毒薬を手に入れて、これを息子のカッサンドロスとイオッラスに持たせてバビロンへと派遣したことになっている〔アッリアノス7巻27章、プルタルコス75～77章、ディオドロス17巻117～118章、クルティウス10巻10章、ユスティヌス12巻13～14章〕。十中八九、この物語は、アレクサンドロスの死後すぐに始まった後継者争いの中で、アンティパトロスとカッサンドロスの評判を貶めようとして生み出されたものであろう。発信源は、アレクサンドロスの母オリュンピアスであった可能性も考えられる。彼女は、アレクサンドロスとロクサナの間に生まれた孫のアレクサンドロス四世を支えるべく行動しており、アンティパトロスおよびカッサンドロスと対立する状況にあった。

しかしながら、アレクサンドロスの死に関して最も広範に流布していた物語は、彼の今際の言葉に関するものである。アッリアノスは、『王の日誌』とされるものに基づいて、アレクサンドロスが死の数日前、言葉を発する力もなくなってしまったと記しているのだが、同時に、あまりに有名で無視することができなかった、別の作家たちが記している伝承も並記している〔7巻26章〕。それによれば、アレクサンドロスが王国を誰に遺贈するのか、側近・朋友たちが彼に尋ねたところ、彼は「最強の男に」と応えたという。アレクサンドロス没後数年間の状況を考えれば、この答えは予言であったように見える。アレクサンドロス麾下の将軍たちは、アレクサンドロスの帝国全体を自らの支配下に収めようとしてか、あるいは最終的にその一部を自分の王国として切り取ろうとしてか、数十年以上にもわたって相争った。アレクサンドロスは死してなお、この争いに一役買うことになった。先に見たように、彼の遺体は、ヴェルギナの王墓に埋葬すべくマケドニア本国へ送還されていたのだが、その最中、急遽エジプトに移送されてしまった。この土地でアレクサンドロスの将軍プトレマイオスは、はじめ自身をエジプト太守に据え、のちには自らファラオを名乗るまでになっている。プトレマイオスは、アレクサンドロスの遺体を自らの支配に正当性を与えるために利用したのである。

アレクサンドロスが創り出した帝国は、彼の遺体が適切に埋葬されるよりも遥か前に分裂を始めていた。このの ち数年間に起こった出来事については、これまでしばしば言及してきてはいるものの、このサイズの書物でこれ以上の話をする余裕はない。これまで我々は、同時代の断片的な史料や、後代に伝わる歴史伝承の歪んだレンズを通して、歴史的なアレクサンドロス像を垣間見てきたが、最終章では、これがいかにして、現代世界において想像されるような像を創り上げることになったのか、その様子に目を向けることとする。

第九章　アレクサンドロス以後

今なお、小説や映画、漫画などで描き続けられるアレクサンドロス大王。歴史上、少なくとも西欧世界では、二千数百年にわたっておよそ忘れ去られたことのない、きわめて稀有な存在である。しかしそのアレクサンドロス像は、それぞれ時代の要請に従って描かれ方、焦点の置き方が異なっていた。

ローマ帝政前期に作品を著述した「アレクサンドロスの歴史家たち」が念頭に置いていたのは、アレクサンドロスを模倣しようとしていた共和政末期、帝政前期のローマ人指導者たちであり、東方世界へと進攻していくローマ皇帝たちの姿であっただろう。叙述にはこうした事情が色濃く反映していたに相違ない。中世には、奇想天外な冒険物語を数多く含む『アレクサンドロス・ロマンス』が広範な地域で親しまれ、イスラーム圏にもイスカンダルの物語として広まっていった。また、古代の神話や世界観がおよそ失われた中世以降のギリシア地域では、アレクサンドロスは、キリスト教的な色合いを帯び、影絵劇など大衆文化の中で定着していった。さらに近世・近代のヨーロッパでは、啓蒙思想や帝国主義的拡大などを背景に、著作家・思想家たちがそれぞれ自分の支持する政治思想に合うようにアレクサンドロスを染め上げ、賞讃あるいは非難してゆくこととなる。

本章では駆け足で、古代ローマから近代ヨーロッパに至るまで、主にヨーロッパ世界で時代ごとに醸成されていたアレクサンドロス像の変化を、順を追って一気に概観してゆく。現代を生きる私たちも、アレクサンドロス像を描くに当たって、こうした「遺産」から逃れることはできない。

本書は、アレクサンドロスと彼の生きた世界について、同時代の史料に基づき、自信を持って主張できることを示そうと努めてきた。この作業を通じて、彼がいかに行動し、何を意図して行動したのか、こうした問いに対する通説的理解に異議申し立てをすることも少なくなかった。さらに、彼の行為とされてきたものが、実際に彼によって行われたのか否か、疑義を呈することさえあった。しかしながら、もしアレクサンドロスについて長く信じられてきたことが信頼できない、あるいは誤っているとなれば、そのような考えはいったい、そもそもどこからやってきたのだろうか。最終章となる本章では、アレクサンドロスのその後について、すなわち、人々がどのようにしてアレクサンドロスのイメージを作り出してきたのかについて、特に際立ったものをいくつか見ていくこととしよう。

ローマのアレクサンドロスたち　ユリウス・カエサル他

前四五年、ローマの元老院は、クイリヌスの神殿にデウス・インウィクトゥス（「不敗の神」）の称号を付したユリウス・カエサルの像を設置すべきことと決議した。カエサルは翌年には暗殺されることとなるが、この時点では独裁官の地位にあり、ローマにおいて絶対的とも言える政治権力を手にしていた。デウス・インウィクトゥス（ギリシア語では、テオス・アニケトス）の称号は、かつて前三二四年に、アテナイ人が決議をして、アレクサンドロスの像に付したものと一致している。皮肉なことに、こちらもまた死の前年のことであった。称号の選択が偶然であったということはありそうもない。像に関する採決が行われたとき、政治指導者（そしてときに哲学者でもあった）キケロは、カエサルに宛てて、いかに統治すべきか、助言を認めようと考えていた。そしてアリストテレスがかつての教え子アレクサンドロスに宛てて記したとされる書簡を、意図的に真似ようとしていた。しかし最終的にキケロは考えを改め、友人アッティクス宛の書簡にこのように記している。「生来の気質と慎ましさにおいて誰よりも優れていた、あのアリストテレスの教え子ですら、ひとたび王と呼ばれるや、傲慢にして残虐、もはや抑制の効かぬ人間となった」と（『アッティクス宛書簡集』13巻第28書簡。12巻第40書簡も参照）。アレクサンドロスがペルシア王ダレイオスの玉座を襲ったことが、僭主に成り下がる堕落のはじまりとして理解されている。君主政とは相容れないイデオロギーを有していた、共和政ローマの道徳家らしいことである。

ユリウス・カエサルとアレクサンドロス、当時の最も傑出した二人の軍人は、類似点を指摘されやすかった。プルタルコス『対比列伝』に収められた『アレクサンドロス伝』は、『カエサル伝』と組み合わされている。またカエサルは、未だ華々しい活躍を見せる前のこと、スペインでアレクサンドロスの像を目にし、かの王が亡くなったのと同じ年齢で、自分が成し遂げたのは何とちっぽけなことであるかと涙を流したという――このエピソードは、いく人かの著作家によって伝えられている〔たとえば、プルタルコス『カエサル伝』11章、スエトニウス『カエサル伝』7章〕。アレクサンドロスを模範にできると思っていたローマ人は、カエサルだけではなかった。彼と同時代に生き、年上のライバルでもあったポンペイウスは、かつてアレクサンドロスの帝国の一部を為していた東地中海の諸地域をローマに併合し、第三名（コグノーメン）にマグヌス、すなわち「偉大なるthe Great」という意味の言葉を採用している〔ローマ市民は個人名（プラエノーメン）、家名（ノーメン）、第三名（コグノーメン）の三つの名前を持っていた。このうち第三名は、のちに家族名になるが、そもそもは個人の字であった〕。さらに自らの像を作らせるに当たっては、アレクサンドロスの髪型を見本とさせた。アレクサンドロスは、大志を抱く人物にとって模範となり得たのである。ポンペイウスが生まれたのと同じ時期に、ポンペイの街でアレクサンドロス・モザイク（序章、図1を参照）を発注した人物は、アレクサンドロスを、自宅の人目につきやすい空間を飾るのにふさわしい人物だとみなしていた。来訪者がアレクサンドロスの徳と自分自身の徳性を関連づけるように、ということだったのかも知れない。

前四四年二月一五日、ルペルカリア祭の日、カエサルの副官であったマルクス・アントニウスは、カエサルに冠を差し出したが、彼はこれを断った。当時、これはカエサルが、あたかも民衆の要求に応じているかのようにして王の称号を得ようと、自ら仕立てた芝居だったのではないかと訝る者たちもいた。

あるいは、隣の玉座に冠を置いたカエサルの行動を、神格化を要求するものと解釈する人々もいた。ローマで行列行進が行われる際、神々はきまって、玉座に載せて運ばれた付属物（アトリビュート）によって表現されることになっていたためである。おそらく当時の人々にとって、これら二つの解釈はどちらも同時に支持することができただろう。この時代、王の存在は、ペルシア、東方ヘレニズム世界に特徴的なものと考えられており、ローマの人々は、そちらの世界では王が神として崇められているという印象を持っていた。実際のところ何が起こっていたのか、正確なところはさておき、この冠事件は、カエサル暗殺の引き金となったと考えられている。事件からちょうど一か月後、共和政を守ると主張する者たちによって、カエサルは亡き者とされた。まさにカエサル暗殺から数年の間に、ディオドロス『歴史叢書』の第一七巻、すなわち、現存するもののうち、アレクサンドロスの人生について記された最初の作品が執筆されている。カエサルの人生と死は、作家（そして読者）のアレクサンドロス理解に影響を及ぼしたに相違ない。ディオドロスの同時代人、ポンペイウス・トログスにも影響を与えたことだろう。彼の歴史書は、三〇〇年ほどのち、ユスティヌスによってまとめられ、現在はその縮約版のみが伝存している。

ユリウス・カエサルが権勢を手にしたのは、政治的混迷と内乱の真っ直中のことであった。これはやがてローマ共和政の崩壊へとつながった。戦争を終結させたのは、彼の養子であった。この人物は、アウグストゥスの称号を得て、元老院およびローマ市民の統治権回復を宣言する一方、自らを最初のローマ皇帝の座に据えた。一人で指揮をする指導者を必要としながら、他方でローマには共和政による統治という伝統もあった。アウグストゥスおよび後継者たちは、この二つをいかに調和させるのかという問題を絶えず抱え続けた。この問題は、プルタルコスやアッリアノスとおよそ同時代に執筆活動をしていた、タキトゥスやスエトニウスといった当時の歴史家、そして三世紀前半に活動していたカッシウス・ディオらが叙述した物語群にも底流している。この問題にあまりうまく対処できなかった皇帝として描かれる者もいた。三七年に皇帝となったカリグラは、その代表である。彼は、かつてユリウス・カエサルとアウグストゥスがしていたように、アレクサンドリアにあるアレクサンドロスの墓を訪ねた際、この大王の胸当てを身に付けたとされている。彼はまた、ローマの元老院議員たちに跪拝礼を要求し、手ではなく、つま先を差し出して、接吻するよう求めたとされている。クルティウスは全般的にアレクサンドロスに関して否定的な描写をしているが、それはことによるとカリグラの記憶と彼のイメージから影響を受けた部分もあったのかも知れない。というのも、クルティウスはカリグラの後継者クラウディウスの治世か、数十年後のウェスパシアヌス帝の治世に執筆していたのである。

プルタルコスとアッリアノスが執筆活動をしていた時期、すなわちトラヤヌス帝（九八年～一一七年）およびハドリアヌス帝（一一七年～一三八年）の治世になると、ローマ帝国が専制的国家だということは当然視されるようになっていた。アレクサンドロスは正しい王の模範として提示されるようになった。これらの作家たちは、彼の智慧と自制心を強調する一方、東方の慣習を採用することに伴う潜在的危険性について警鐘を鳴らした。上記の皇帝はいずれも、アレクサンドロスの足跡に倣い、軍勢を率いてユーフラテス川を越え、メソポタミアへと進攻した。それゆえ、アレクサンドロスを軍事的成功の象徴として、そして奢侈と過剰がもたらす危険性について警告を発するものとして、同時代の作家たちが利用するのは適切なことであった。

古代の歴史叙述の中で現代の我々にまで伝わっているアレクサンドロス像は、特定の環境の中で作り上げられたものである。それはローマの読者たちのために執筆する、ローマの作家たちの創造物である（たとえ彼らのうちで、ギリシア語で書く者がいたとしても）。ローマの関心事、すなわち、支配者たる者がいかにあるべきか、専制国家の中で臣下としていかに生きるべきか、こういったことがローマのローマ史家たちの中心的主題であったが、そうした関心は、アレクサンドロス大王の歴史を叙述する際にも、東方の隣人に対する懸念や敵意と同じように提示されていた。最近になってまた、同じような関心が再び持ち上がることがあった。二〇世紀の第2四半世紀、ヨーロッパに独裁政治の時代が到来したとき、それから九・一一の直後、「文明の衝突」という考えが再び頭を持ち上げたとき、これら二つの時代はいずれもアレクサンドロス研究に弾みを与えた。あたかもローマ人の偏見が、二〇世紀および二一世紀の政治の予兆となっていたかのごとくに。

中世のアレクサンドロス

今日、アレクサンドロスについて知ろうとするなら、私たちが情報を求めるのは、ローマ時代に生きたアレクサンドロスの歴史家たちということになる。しかしながら、アレクサンドロスの死から現在までの間に、いつの時代でもたいてい別の伝承が伝えられ、そちらの方がはるかに目立つこともあった。チョーサーは『修道僧の話』〔『カンタベリー物語』の一部〕の中で、アレクサンドロスの業績について手短に説明し、次のようにコメントしている。

アレクサンドロスのお話は、大変なじみのものであり、
賢明な人であるなら誰であれ、
彼の運命《さだめ》を何がしか、聞いたことがあるほどだ。

修道僧が言及している物語は、『アレクサンドロス・ロマンス』として知られるもので、アレクサンドロスの生涯を記した作品である。そもそも前三世紀のエジプトに端を発し、その後、数世紀にわたって拡充し、いくつもの言語に翻訳され、終いにはアイスランドからインドに至るまで、どこでも何れかの系統に属する伝承・別伝が知られるようになった。

私たちが読むことのできる『アレクサンドロス・ロマンス』の最初期のものは、後三世紀のものであ

る。アレクサンドロスの生涯を物語にしたものだが、空想的要素が含まれ、後代のものともなれば、それだけいっそう誇張が強化された。たとえば、アレクサンドロスがエジプト最後のファラオ、ネクタネボの息子になることもあった。ネクタネボは妖術使いでもあり、フィリッポスの宮廷にやってきて、蛇の姿をしたアメン神の振りをしてオリュンピアスを誘惑したという。やがて彼は、アレクサンドロスの最初の教育係となったが、彼の父であることを自ら打ち明け、アレクサンドロスによって殺害された。のちのペルシアの伝承、紀元千年頃に記された『シャー・ナーメ（王書）』の記録では、アレクサンドロスはイスカンダルとなっており、フィリッポスの息子とされているものの、実際にはペルシア王ダーラーブの息子であり、したがって彼の敵ダーラー（ダレイオス三世）の異母兄弟であった。こちらの血縁関係の方が、アレクサンドロスと彼が支配した諸王国を密接に結びつけている。幼少期の要素は、さらに空想的である。たとえば、彼の愛馬ブケファロスは『ロマンス』の中で、アレクサンドロス以外には誰も手懐けられない馬として描かれているばかりか、食人馬とまで描かれている。別伝では、若きアレクサンドロスが、東方遠征を前にしてペルシア王の宮廷に密偵に行くことになっている。七世紀にアラブ人支配が始まって以降に語られた物語では、アレクサンドロスがイスラーム支配下のアンダルシア王宮に忍び込み、そこでたちまち女王に変装を見破られたことになっている。

より穏当な文献に記録されたアレクサンドロスの功績も、順序こそ一致しないが、『ロマンス』に数多く描写されている。とりわけ、アレクサンドロスによるテュロス包囲はきわめて事細かに記されている。これが新しいものになると、奇跡譚が増えてくる。アレクサンドロスはグリフォン〔鷲の翼と上半身、獅子の下半身を持つ空想上の怪物〕が牽く戦車で天上に上り、あるいはガラスの潜水鐘で海深く潜っていく。楽園を訪ね、自らの死について予言を受ける。やがて、『ロマンス』で語られる物語は、アレクサンドロスの智の追求に力点が置かれるようになり、中世の西ヨーロッパで書かれたものでは、アレクサンドロスは騎士道と善の象徴になっている。

古典古代の歴史と神話の知識が失われてしまったギリシア世界において、アレクサンドロスが、ホ・メガレクサンドロスとして引き続き知られてゆくこととなったのは、こうした『ロマンス』の伝承のおかげであった。『ロマンス』の近世ギリシア語版、『フュッラダ』あるいは『アレクサンドロス大王の書』は、一六七〇年、ヴェネツィアで出版され、それ以降継続して流通し続けた。アレクサンドロスはまた、古典古代の人物では例外的に、数多くのカラギョズ〔カラギオジス〕影絵芝居の登場人物ともなっている。この大衆娯楽は、オスマン・トルコの伝統から生まれたのち、一九世紀を通じてギリシア的性格を強め、二〇世紀前半に人気絶頂となった。ホ・メガレクサンドロスはいくつかの劇に登場するが、最も有名なのは『アレクサンドロス大王と呪われた蛇』である。この劇で、彼は勧善懲悪の勇敢な兵士に成長してゆき、それに合わせて王国を脅かしていた竜を退治している。アレクサンドロスは、聖ゲオルゴス〔竜退治で知られたキリスト教の聖人〕のようになってしまっている。

このようにアレクサンドロスは、ギリシアの大衆文化の中でおよそキリスト教的な英雄戦士の役どころで登場している。現代のギリシア人たち〔キリスト教（ギリシア正教）が深く根付いている〕が、アレクサンドロスのイメージを利用することに対して強い反応を見せるのは、こうした背景が、部分的にであれ、影響しているのかもしれない。このことはとりわけ、ギリシアと（旧ユーゴスラビアの）マケドニア共和国の間で問題となっている。後者は二〇〇六年、首都スコピエにある空港にアレクサンドロス大王の名を付し、その場に彼の巨大な騎馬像を設置して、ギリシア政府から抗議を受けることとなった〔現代のギリシア共和国は、古代マケドニア王国の版図が自国領にあることなどを理由として、マケドニア共和国という名称の利用にも反対している〕。

アレクサンドロス、啓蒙、そして帝国

『ロマンス』に描かれた騎士道精神に溢れるアレクサンドロスは、中世世界、そしてルイ一四世やエカチェリーナ二世のような絶対君主の宮廷にふさわしいものであった。一七世紀後半から一九世紀前半、いわゆる啓蒙時代になると、新たなアレクサンドロスが登場することとなる。はじめはフランスで、しかしやがてスコットランドやイングランド、終いにはドイツやその他さまざまな場所で、フィロゾーフ（啓蒙思想家）や歴史家たちが、古代史研究、とりわけアレクサンドロス大王の研究を行うにあたり、慎重に分析し、判断する姿勢を示すようになった。ギリシア語、ラテン語で記されたアレクサンドロスの歴史家たちに関して、新しい校訂や翻訳書が制作され、それぞれの信憑性が慎重に検討された。それと

同時に、アレクサンドロスは模範的統治者と認識されるようになった。たしかに、彼の性格の否定的な側面、すなわち残虐性、とりわけ宮廷歴史家カリステネスのような学者たちを迫害したという点を強調する著作家もいた。しかし、ヨーロッパが海外に拡大した時代のことである。アレクサンドロスの遠征は、変化のない怠惰な東方世界に、発展的で活き活きとしたヨーロッパ文明の恩恵をもたらしたとみなす者も現れた。そうした著作家にとっては、ダレイオス三世の帝国も、自分たちと同時代のオスマン帝国も、大した違いはなかった。アレクサンドロスに対する最も積極的な評価は、ヴォルテールのいくつものエッセイやモンテスキュー男爵の『法の精神』の中に見られる。彼らによれば、アレクサンドロスの最大の業績は、都市の建設を通じて東方世界を交易と商業ができるように開放したこと、そして彼が組織した艦隊の航行であった。

イングランドやスコットランドの作家にとっては、独立戦争によるアメリカ植民地の喪失が、古代ギリシア史研究を見直す刺戟となった。一七八六年、スコットランドの歴史家ジョン・ギリスは、『古代ギリシア、植民都市、そして支配の歴史』という二巻本の書物を出版した。国王ジョージ三世に献呈されたこの本は、アメリカで起きた事件を受けて書かれたものであり、民主政や共和主義が孕む危険性と立憲君主制が有する至上性を示すために記したのだと、著者自ら執筆意図を明らかにしている。その二年前、イングランドの保守党国会議員ウィリアム・ミットフォードは、全八巻に及ぶことになる『ギリシアの歴史』の第一巻を出版していた。彼が最終巻を出版するまでにはフランス革命が勃発し、人民が抑制の効かないままに統治するのは危険であるということが、いよいよ明らかとなっていた。ギリスやミットフォードにとって、民主政アテナイは、前五世紀には君主政のスパルタに、前四世紀には国王フィリッポスの統べるマケドニアに敗北した、民主政の弊害をことごとく体現する存在であり、対照的にアレクサンドロスは、君主政が達成しうる最高の事例とみなされた。ギリスにしてみれば、アレクサンドロスは「類い稀なる人物であり、その天賦の才は、古代世界の状況を一変させ、改善してしまったのかもしれない」のであった。

アレクサンドロスの「文明化の使命」というテーマは、英国がインドに介入することを正当化するのに用いられた。英領インドは、アメリカ喪失後、植民地的拡大の重要な焦点となっていた。かつてのフランス人作家たちの範に倣って、帝国主義の擁護者たちは、英国人をアレクサンドロスの後継者として、惰眠をむさぼるアジアにヨーロッパの活力と文明をもたらすものとして描きだした。しかし、アレクサンドロスの遺産継承権を主張する者は他にもあり得た。アレクサンダー・バーンズ卿は、一八四一年に暗殺される以前には、カブールにおいて英国の政治権益を代表する人物であったが、第一次イギリス・アフガニスタン戦争（一八三九～四二年）の終わりに英国軍がカブールから追放され、破壊される少し前、一八三〇年代に中央アジアを広く旅した。彼は、アレクサンドロスの歴史家たちを旅の友とし、彼らが言及した場所を求めて各地を巡り歩いた。彼によれば、それらの地域の中に、アレクサンドロスをイスラームの予言者ととらえているところもあったという。また彼の回顧録には、ある地域の支配者が、（求められてもいないのに）アレクサンドロスの直系の子孫であると主張していたと記されている。こうした考えはおそらく、ペルシア語版で伝わった『ロマンス』の伝承過程を経由して出現したものなのかも知れない。

英雄か悪党か

この時代に出現した最も影響力の強いアレクサンドロス研究は、おそらくドイツ人歴史家ヨハン・グスタフ・ドロイゼンのものであろう。彼の『アレクサンドロス大王の歴史』（英訳もまだ作られていない）は、一八三三年に公刊された。ドロイゼンはベルリンで研究を行い、哲学者ヘーゲル、地理学者アレクサンデル・フォン・フンボルトから影響を受けた。啓蒙期ドイツの学者たちは、自分たちの国を古代ギリシアと密接な関係にあるものとみなしていた。それはかなりの程度、両者がともに数多くの小国家から成り立ち、大きな王国に囲まれていたということに起因する。ドロイゼンはドイツ統一運動を支持しており、彼が描くアレクサンドロスもまた統一者であった。ただしそれは、相争うギリシアの都市国家のみならず、西アジア全体の統一者でもあった。アレクサンドロス死後の時代は、それまでギリシア世界の衰退期とみなされてきたが、ドロイゼンにしてみれば、アレクサンドロスが進軍し、彼が通過した地域でギリシア文化が出現したのだから、実際、この時代こそ栄光の時代ということになっていた。さらにドロイゼンは、次のようなことまで示唆している。すなわち、アレクサンドロスは、さまざまな文化的背景の人間を宮廷に招き、そのことを通じて彼らに自分たちが共有しているものについて考えさせることになったという。たとえば、唯一神という考えについて。つまり、おそらく彼がキリスト教への途を開いたとまで示唆しているのである。

アレクサンドロスがいかに文明に貢献してきたのかに関しては、政治哲学者ジョン・ステュアート・ミルの友人であり、急進的国会議員でもあったジョージ・グロートが、格別に好評を博した『ギリシアの歴史』全一二巻の中で、より慎重に描き出している。グロートにとって、アレクサンドロスは独裁と帝国主義の一番の災厄を体現する人物であった。

アレクサンドロスの将来がどのようなことになるのか、敢えて可能な限り予測してみても、見えてくるのは、何年にもわたって絶えずくり返される攻撃と支配ばかり。人の住む世界をすべて踏破し、服従させるまで終わることはない……さて、いかなる支配者もかつて実現し得なかったような、広大で多様性に富む帝国を、何かしら臣民の利益になるように統治することが、いったいいかにして可能だろうか。これを示すことは難しいだろう。

アレクサンドロスをめぐる議論は、現代でも啓蒙時代に設定された観点から行われている。歴史家たちは今なお、彼が物語の英雄なのか、血に飢えた暴君なのか、見極めようとしており、また彼の遠征がもたらした利益は、損失を上回るのか否か、検討し続けている。これは多分に、諸々の議論が限られた同一の文献、すなわち本章冒頭で考察したアレクサンドロスの歴史家たちの諸作品に依拠していることによる。本書の結びに、アレクサンドロス本人、あるいは彼の遺産について私自身の判断を提示するつもりはない。現代に伝わる叙述には解釈の余地があり、それらはさまざまな評価を支持するために用いることができる。しかしながら、何かしら明確な結論を引き出そうとしてこれらの叙述を利用してみても、それらはそもそも十分に信頼できるものとは必ずしも言えないのである――本書の狙いはこのことを示すことにあった。これまで見てきたように、ギリシアやエジプトの碑文、アテナイ人政治家の演説、バビロン天文日誌といった、アレクサンドロス自身の同時代の史料から、限定的ながら、異なる見通しを得ることも可能である。「アレクサンドロス大王のことを、我々はどう考えるべきか」と問う前に、「アレクサンドロス大王の同時代人は、彼のことをどう思っていたのか」と問うべきなのかも知れない。その疑問に対して説得的な答えはまだ出されていないが、本書はその方向に向かって踏み出す第一歩であった。

訳者あとがき

本書は、Hugh Bowden, *Alexander the Great. A Very Short Introduction.* Oxford: Oxford University Press, 2014 の全訳である。*A Very Short Introduction* はオックスフォード大学出版局から出版されている、英語で書かれたごく手軽な入門書シリーズであるが、本書のように、単なる情報の羅列や豆知識の紹介に終わらない、知的刺戟に満ちたものが少なくない。もちろん入門書である以上、アレクサンドロス大王についてあまり詳しくないという読者にとっても、付属の年表と地図を手掛かりにすれば、肩肘張らずに十分楽しめるものになっているはずである（と訳者も期待している）。とは言え、「はじめに」でも述べられているように、プルタルコスの『英雄伝』など「アレクサンドロスの歴史家たち」が記した作品を（せめて関係箇所だけでも）併せて読んでみると、本書の楽しみもきっと倍増するに違いない。本訳書ではそうした願いを込めて、網羅的ではないものの、本文を読むのに邪魔にならない程度に典拠を追加して明示するように努めた（「アレクサンドロスの歴史家たち」の作品はすべて邦訳されているので、野心的な方は本書を読み進めた後に、そちらもぜひ挑戦していただきたい）。

原著者のヒュー・ボーデン教授は、古代ギリシア史、特に宗教史の専門家である。オックスフォード大学で西洋古典学を学び、博士論文ではヘロドトス『歴史』に見られる宗教について詳細な分析を加え、一九九〇年に博士号を取得した。長年にわたって古典期ギリシアの宗教について研究を重ね、デルフォイの神託とアテナイ民主政の関係について論じた *Classical Athens and the Delphic Oracle: Divination and Democracy.* Cambridge: Cambridge University Press, 2005 や、古代世界における密儀宗教について概観した *Mystery Cults in the Ancient World.* London: Thames & Hudson, 2010 をはじめ、数々の著書、論文を発表してきた（ボーデン教授の著書としては、本書が最初の邦訳となるが、講演の翻訳として、ヒュー・ボーデン「名無しの神々——秘儀、神話、儀礼とギリシアポリスの宗教」『クリオ』26号〈二〇一二年〉32～49頁［拙訳］がある）。近年ではアレクサンドロス大王に関する研究にも力を入れており、本書（原著）を公刊した他にも、複数の論文、学会発表などを行っている。新しい分野への意欲的な挑戦ではあるが、博士論文執筆以来培ってきた宗教儀礼や歴史叙述（ヒストリオグラフィ）に関する広範な知識、深い洞察が、こちらの研究においても遺憾なく活かされている。

ボーデン教授は現在、ロンドン大学キングスカレッジ古典学部で教鞭を取っており、自らの研究を進める一方、数多くの研究者を育ててもいる。ボーデン教授の指導により学位を得た学生たちは、ヨーロッパばかりでなく、東アジア、オーストラリアなど、世界各地で活躍している。個人的なことになるが、訳者もまたボーデン教授の下で学んだ学生であった。ロンドン大学で在外研究をした際に受入教員として面倒を見てくださったのが、このボーデン教授だったのである（当時はまだ上級講師 Senior lecturer であった)。初めてイギリスで研究会報告を行う前に、また初めての英語論文を執筆するにあたり、たどたどしい英語で何とか議論を重ねた日のことは、今でも昨日のように覚えている。以来、調査や学会発表のためにロンドンを訪ねるたびに、訳者はロンドン大学のボーデン教授と約束をして、(今や随分とリラックスした気持ちで) 近況報告とともに学問上の意見交換をくり返している。本訳書は、いわばボーデン教授への恩返しという側面もある。

無論、恩返しのために無理をして本書を訳したわけではない。また、世に知られたアレクサンドロス大王を論じた、専門家による小品ということ自体も大変魅力的ではあったが、それが主たる理由というわけでもない。アレクサンドロスの生涯を追った入門書ならば、専門家の手による優れた和書もすでに世に出ている (「参考文献」には、日本の読者のための参考文献を追加しておいたので、そちらも是非ご覧いただきたい)。しかし本書の魅力は、アレクサンドロスという一人の英雄、彼の事績のみに止まらない。いや、それよりもむしろ、アレクサンドロスに関わる「歴史」あるいは「歴史的事実」がどのようにして「作り出される」ものなのか、史料に記された歴史的な事象をどのようにとらえ、考えるべきなのか。それぞれの史料からは、どこまで、どういった事実に迫ることができて、どういった事実にはたどり着けないのか。それらはどうして分かるのか、どうして分からなくなってしまうのか。そうしたごく素朴で、しかし歴史学にとってきわめて根本的な問いかけに対して、分析の手法も示しながら、見事に (しかも野心的に) 答えている作品だと思ったからこそ、本書の翻訳に着手したのである。訳者は先に、ロビン・

オズボン『ギリシアの古代――歴史はどのように創られるか?』(刀水書房、二〇一一年)という書物を翻訳しているが、本書の問題意識はそちらとも少なからず共通している。訳者としては、本書を通じてアレクサンドロスに関する情報、知識を得るばかりでなく、そうした情報の成り立ち、そして手に入れた情報を論理的・批判的に理解するための方法論、思考の組み立て方を、少しでも読み取っていただければ幸いである。そうして、読者の皆さんが、アレクサンドロスに限らず、歴史上の人物や事件について考察するに際して、あるいは現代社会に溢れる情報を取捨選択して利用するに際して、本書に綴られた方法論、情報に対する姿勢をいくらかでも参考にしていただければ、と祈念している。

末筆ながら、本訳書の執筆に際しては、原著者はもちろんのこと、直接・間接に実にさまざまな人々にご協力をいただいた。すべてを列挙することは叶わないが、とりわけ専門外のことに関しては、古代エジプトを専門とされる中部大学の中野智章さん、バビロンの楔形文字に詳しい筑波大学の三津間康幸さんにご助言をいただいた。記して感謝申し上げる次第である。

二〇一八年一一月二三日

佐藤　昇

《訳者紹介》

佐藤　昇（さとう　のぼる）

1973年宮城県塩竈市に生まれる。1997年東京大学大学院人文社会系研究科欧米系文化研究専攻西洋史学専門分野修士課程入学，1999年同修士課程修了，同博士課程進学，2003年同単位取得退学，2006年12月博士号（文学）取得
東京大学大学院人文社会系研究科助教を経て，現在，神戸大学大学院人文学研究科准教授

主著
単著：『民主政アテナイの賄賂言説（山川歴史モノグラフ）』山川出版社，2008年
編著：『歴史の見方・考え方　大学で学ぶ「考える歴史」』山川出版社，2018年
『『英雄伝』の挑戦：新たなプルタルコス像に迫る』京都大学学術出版会，2019年（小池登，木原志乃と共編）
共著：Chris Carey, Ifigeneia Giannadaki, and Brenda Griffith-Williams eds. *Use and Abuse of Law in the Athenian Courts*, Leiden: Brill, 2018.
N. Fisher and H. van Wees eds. *Aristocracy in Antiquity: Redefining Greek and Roman Elites*, Swansea: The Classical Press of Wales, 2015.
翻訳：ロビン・オズボン『ギリシアの古代：歴史はどのように創られるか？』刀水書房，2011年

索　引

I　人名，神格名索引

ア　行

アイスキネス（アテナイの弁論家）…… 42,43
アイスキュロス（アテナイの悲劇詩人）…… 85
アウグストゥス（ローマ帝国皇帝　在位前27～後14年）…… 99,167
アウダタ（フィリッポス２世の妻）…… 30
アギス（スパルタ王）…… 63,84
アキレウス（ギリシア神話の英雄）…… 60,61,124
アッタロス（マケドニア貴族）…… 30,50
アッティクス（キケロの友人）…… 165
アッピアノス（歴史家）…… 112
アッラバイオス（リュンケスティスの貴族）…… 51
アッリアノス，ニコメディアの（歴史家）…… 7,8,20,24,46,53,55,59,61,64,66,77,80,85,93,94,98,99,102,106,107,112,113,115,119~121,125,137,140,141,143,147,149,150,156~161,168
アッリダイオス（アレクサンドロス大王の異母兄弟）…… 30
アテナ（ギリシアの女神）…… 60,82,83
アテナイオス，ナウクラティスの（著作家）…… 48
アフヴァマズダ（バクトリアの太守）…… 136
アフラ・マズダ（ペルシアの神）…… 15,19
アポロン（ギリシアの神）…… 22,31,34,83
アマシス（エジプト王）…… 99,100
アミュンタス１世（マケドニア王）…… 16,17,20,26
アミュンタス３世（マケドニア王）…… 28,30,41~43
アメン（エジプトの神）…… 11,12,45,92,93,99~103,108,171
　アメンの神託 …… 92,99
アリオバルザネス（ペルシアの将軍）…… 64,65
アリスタンドロス，テルメッソスの（予言者）…… 5,66,67
アリストゲイトン（アテナイの僭主討伐者）…… 84
アリストテレス（哲学者）…… 39,160,165
アリストブロス（歴史家）…… 141,158

アルケラオス（フィリッポス２世の異母兄弟）……… 29
アルケラオス１世（マケドニア王）……… 28,45
アルタクセルクセス１世（ペルシア王）……… 24
アルタクセルクセス２世（ペルシア王）……… 24,25,118
アルタクセルクセス３世（ペルシア王）……… 25,26,33,127,135
アルタクセルクセス４世（ペルシア王）……… 26,127
アルタクセルクセス５世……… 134 →ベッソス
アルタバゾス（ペルシア貴族，バルシネの父）……… 128
アルタバノス（クセルクセスの叔父）……… 63
アレクサンドロス，エペイロスの（アレクサンドロス大王の叔父，義弟）……… 43,44,50
アレクサンドロス１世フィルヘレネス（マケドニア王）……… 17,26,27
アレクサンドロス２世（マケドニア王）……… 28,42
アレクサンドロス３世（アレクサンドロス大王）
アレクサンドロス４世（アレクサンドロス大王の息子）……… 46,161
アンティゴノス，隻眼の（マケドニアの将軍）……… 97
アンティパトロス（摂政）……… 46,84,160,161
アントニウス，マルクス（ローマの政治家）……… 166
アンドロコットス……… 148 →チャンドラグプタ・マウルヤ
アンモン（ハンモン）……… 11,100,103
イオッラス（アンティパトロスの息子）……… 160
イサゴラス（アテナイの政治家）……… 22
イフィクラテス（アテナイの軍人）……… 42
ウェスパシアヌス（ローマ皇帝　在位69～79年）……… 7,168
ヴォルテール（著作家）……… 174
エウリピデス（アテナイの悲劇詩人）……… 28,45,85
エウリュディケ（フィリッポス２世の母）……… 41~43,46
エカチェリーナ２世（ロシアの女帝）……… 173
エパメイノンダス（テバイの軍人）……… 83
エフィアルテス（テルモピュライの戦いでギリシア軍を裏切った人物）……… 64
オクシュアルテス（ソグディアナの豪族）……… 138
オネシクリトス（歴史家）……… 133
オリュンピアス（アレクサンドロス大王の母）……… 30,37,40,41,43~46,51,160,171
オルフェウス（神話上の人物）……… 45
オレステス（神話上の人物）……… 81

カ　行

カエサル，ユリウス（ローマの政治家）……… 6,164~168
カッサンドロス（アンティパトロスの息子）……… 46,160,161

カッシウス・ディオ（歴史家）…… 168
カドメイア（エペイロスのアレクサンドロスの娘）…… 44
カリグラ（ローマ皇帝　在位37～41年）…… 168
カリステネス（歴史家）…… 60,61,99,101~125,141,142,174
カンビュセス（ペルシア王）…… 18,22,93
キケロ，マルクス・トゥッリウス（ローマの政治家）…… 165
ギュガイエ（アミュンタス１世の娘）…… 17
キュロス（ダレイオス２世の息子）…… 22,24
キュロス大王（ペルシア王）…… 17~18,62,150,155
ギリス，ジョン（英国の歴史家）…… 174,175
クセノフォン（歴史家）…… 24,50
クセルクセス（ペルシア王）…… 17,20,22,23,25,26,32,34,49,63~65,67,85,120,121,156
クテシアス，クニドスの（歴史家）…… 25
クラウディウス（ローマ皇帝　在位41～54年）…… 7,168
クルティウス・ルフス，クイントゥス（歴史家）…… 7,20,98,99,103,106,115~117,125,133,134,137,139,140,155,160,168
クレイステネス（アテナイの政治家）…… 22,23
クレイタルコス（歴史家）…… 98,104
クレイトス（マケドニアの軍人）…… 142
クレオパトラ（アレクサンドロスの妹）…… 41,43,44
クレオパトラ（フィリッポス２世の妻）…… 30,50
クロイソス（リュディア王）…… 17,22,62,100,125
グロート，ジョージ（英国の歴史家）…… 135,177
ケルソブレプテス（トラキア王）…… 32

サ　行

サルゴン２世（アッシリア王）…… 155
ジョージ３世（英国王）…… 174
スエトニウス（伝記作家）…… 166,168
スキピオ・アフリカヌス（ローマの政治家）…… 112
スタテイラ（ダレイオス３世の娘）…… 127,128
ストーン，オリヴァ（映画監督）…… 129
スピタメネス（ソグド人の指揮官）…… 137
ゼウス（ギリシアの神）…… 11,31,45,100~103,142
セネカ（ネロ帝の家庭教師）…… 125
セミラミス（バビロンの女王）…… 150
ソフォクレス（アテナイの悲劇詩人）…… 85
ソロン（アテナイの政治家）…… 125

タ　行

タイス（アテナイの娼婦）…… 120
タキトゥス（歴史家）…… 140,168
タクシレス（インドの統治者）…… 144
ダティス（ペルシアの軍人）…… 23
ダレイオス１世（ペルシア王）…… 16~20,22,23,49,101,126,138,143,148
ダレイオス２世（ペルシア王）…… 24
ダレイオス３世（ペルシア王）…… 3,26,56,83,111,113~118,126,127,134,147,171,174
タレストリス（アマゾン族の女王）…… 8,131,133
チャンドラグプタ・マウルヤ（インドの統治者）…… 131,148
チョーサー（詩人）…… 170
ディオドロス，シチリアの（歴史家）…… 6,7,42,50,56,61,62,64,77,82,94,98,99,
103,115~117,120,128,144,157,159,160,167
ディオニュソス（ギリシアの神）…… 45,85,86,143
ディオン・クリュソストモス（著作家）…… 158
ティベリウス（ローマ皇帝　在位14～37年）…… 140
テセウス（ギリシア神話の英雄）…… 81
デマデス（アテナイの弁論家）…… 76
デマラトス（スパルタ王）…… 63
デマラトス，コリントスの（アレクサンドロスの廷臣）…… 118
デモステネス（アテナイの弁論家）…… 34,76
トゥキュディデス（歴史家）…… 77,79
トトメス３世（エジプト王）…… 109
トラヤヌス（ローマ皇帝　在位98～117年）…… 119,168
ドロイゼン，ヨハン・グスタフ（歴史家）…… 176

ナ　行

ナボナッサル（バビロン王）…… 154
ナボニドス（バビロン王）…… 18
ナボポラッサル（バビロン王）…… 18
ニケポリス（フィリッポス２世の妻）…… 30,31
ネアルコス（クレタの軍人）…… 150
ネオプトレモス（エペイロスのアレクサンドロスの息子）…… 44
ネオプトレモス、モロッシアの（オリュンピアスの父）…… 44
ネクタネボ１世（エジプト王）…… 107
ネクタネボ２世（エジプト王）…… 100,107,171
ネブカドネザル（バビロン王）…… 18
ネロ（ローマ皇帝　在位54～68年）…… 125

ハ　行

パウサニアス（王位僭称者）…… 41,42
パウサニアス（フィリッポス２世殺害者）…… 50,51
バガヴァント（ペルシアの公職者）…… 136
バゴアス（アルタクセルセス３世，４世の殺害者）…… 26
バゴアス（アレクサンドロス大王の愛人）…… 129
ハドリアヌス（ローマ皇帝　在位117〜138年）…… 7,119,168
パリュサティス（アルタクセルクセス３世の娘）…… 127,128
バルシネ（ロドスの人メムノンの寡婦）…… 128
バルディヤ（前522年のペルシア王）…… 18
パルメニオン（マケドニアの軍人）…… 38,60,62,140
ハルモディオス（アテナイの僭主討伐者）…… 84
バーンズ，アレクサンダー（英国の外交官）…… 175
ヒッピアス（アテナイの僭主）…… 22,85
フィラ（フィリッポス２世の妻）…… 30
フィリッポス２世（マケドニア王）…… 16,29~34,38,40~44,46~51,55~57,71,72,75~77,84,103,105,127,142,171
フィリンナ（フィリッポス２世の妻）…… 30,31
フィロクセノス，エレトリアの（画家）…… 5
フィロタス（アレクサンドロス大王の朋友）…… 117,140,142
プトレマイオス（マケドニアの摂政）…… 28,42
プトレマイオス１世（歴史家，エジプト王）…… 6,59,95,96,98,102,141,147,161
プトレマイオス２世フィラデルフォス（エジプト王）…… 96
ブバレス（アミュンタス１世の養子）…… 17
プルタルコス，カイロネイアの（伝記作家，哲学者）…… 7,13,20,37~41,45,46,50,51,56,58~60,62,66,82,94~97,99,102,103,105,115~118,120,123~128,133,140~142,144,146,148,150,156,158~160,165,166,168
プレスフィールド，スティーヴン（小説家）…… 135
フンボルト，アレクサンダー・フォン（地理学者）…… 176
ヘゲサンドロス（歴史家）…… 48
ヘーゲル，ゲオルク・ヴィルヘルム・フリードリヒ（哲学者）…… 176
ヘゲロコス（マケドニアの軍人）…… 80
ベッソス（マケドニアの軍人）…… 69,134,135,137
ヘファイスティオン（アレクサンドロスの朋友）…… 126,129,160
ヘラクレス（ギリシア神話の英雄）…… 10,87,101,124,143
ペルセウス（ギリシア神話の英雄）…… 101,124
ペルディッカス２世（マケドニア王）…… 27
ペルディッカス３世（マケドニア王）…… 28,42,43

ヘルモラオス（マケドニアの近習）……141
ヘレネ，アレクサンドリアの（画家）……5
ヘロドトス（歴史家）……21,26,62~64,100,101,105,113,125,126,143
ヘロメネス（リュンケスティスの貴族）……51
ペンテウス（神話上のテバイ王）……45
ホメロス（詩人）……40,60,61,74,113
ポリュビオス（詩人）……112,113
ポロス（詩人）……54,144~146
ポンペイウス（ローマの政治家）……166
ポンペイウス・トログス（歴史家）……7,43,167

マ 行
マウソロス（カリアの太守）……21
マザケス（エジプトの太守）……92
マルドゥク（バビロンの神）……154
マルドニオス（ペルシアの軍人）……23
マン，クラウス（小説家）……129
ミットフォード，ウィリアム（歴史家）……174,175
ミル，ジョン・ステュアート（哲学者）……177
メガバゾス（ペルシアの軍人）……16
メダ（フィリッポス２世の妻）……30
メタスタシオ，ピエトロ（詩人）……146
メムノン，ロドスの（ギリシア人傭兵及びペルシア艦隊の指揮官）……128
モディ，ソラブ（映画監督）……146
モンテスキュー，シャルル＝ルイ・ド（哲学者）……174

ヤ 行
ユスティヌス（歴史家）……7,43,51,99,102,103,160
ユピテル（ローマの神）……103

ラ 行
リュクルゴス（アテナイの政治家）……85
リュサンドロス（スパルタの軍人）……82
リュシマコス（マケドニアの軍人）……11,133
ルイ14世（フランス王）……173
ルノー，メアリ（小説家）……129
レオニダス（スパルタ王）……63~65
ロクサネ（アレクサンドロス大王の妻）……127,128,138,139,141

II 事項索引

ア 行

カ 行

サ　行

タ　行

ナ　行

ハ　行

マ　行

ヤ　行

ラ　行

参考文献

はじめに

Ada Cohen, *The Alexander Mosaic: Stories of Victory and Defeat* (Cambridge University Press, 1997).

Andrew Stewart, *Faces of Power: Alexander's Image and Hellenistic Politics* (University of California Press, 1993).

第一章　アレクサンドロス以前

Pierre Briant, *From Cyrus to Alexander: A History of the Persian Empire* (Eisenbrauns, 2002).

Lindsay Allen, *The Persian Empire* (British Museum Press, 2005).

Amélie Kuhrt, *The Persian Empire: A Corpus of Sources from the Achaemenid Period* (Routledge, 2007).

Robin Lane Fox (ed.), *Brill's Companion to Ancient Macedon: Studies in the Archaeology and History of Macedon, 650 BC–300 AD* (E.J. Brill, 2011) .

第二章　王子　マケドニア宮廷のアレクサンドロス

Elizabeth Carney, *Women and Monarchy in Macedonia* (University of Oklahoma Press, 2000) .

Robin Lane Fox (ed.), *Brill's Companion to Ancient Macedon: Studies in the Archaeology and History of Macedon, 650 BC–300 AD* (E.J. Brill, 2011).

第三章　戦士　アレクサンドロスの軍隊

Donald W. Engels, *Alexander the Great and the Logistics of the Macedonian Army* (University of California Press, 1978).

Waldemar Heckel, *The Marshals of Alexander's Empire* (Routledge, 1992).

第四章　指揮官　アレクサンドロスとギリシア人

A.J. Heisserer, *Alexander the Great and the Greeks: The Epigraphic Evidence* (University of Oklahoma Press, 1980).

P.J. Rhodes and R.G. Osborne, *Greek Historical Inscriptions, 404–323 BC* (Oxford University Press, 2004).

第五章　ファラオ　アレクサンドロスとエジプト

Philip Bosman (ed.), *Alexander in Africa* (University of South Africa Press, 2014).

第六章　世界の王　アレクサンドロスとペルシア

Ernst Fredricksmeyer, 'Alexander the Great and the Kingship of Asia' in A.B. Bosworth and Elizabeth Baynham (eds), *Alexander the Great in Fact and Fiction* (Oxford University Press, 2000): 136–66.

Hugh Bowden, 'On Kissing and Making Up: Court Protocol and Historiography in Alexander the Great's "Experiment with *Proskynesis*", *Bulletin of the Institute of Classical Studies* 56/2 (2013): 55–77.

Klaus Mann, *Alexander: A Novel of Utopia* (Brewer and Warren, 1930).

Mary Renault, *The Persian Boy* (Longman, 1972).［メアリ・ルノー（堀たほ子訳）『アレクサンドロスと少年バゴアス』中央公論新社，2005 年］

第七章　旅人　アフガニスタンとパキスタンのアレクサンドロス

Joseph Naveh and Shaul Shaked, *Aramaic Documents from Ancient Bactria from the Khalili Collections* (Khalili Collections, 2012).

Frank Holt, *Into the Land of Bones: Alexander the Great in Afghanistan* (Second edn, University of California Press, 2012).

Steven Pressfield, *The Afghan Campaign* (Doubleday, 2006).

A.B. Bosworth, *Alexander and the East: The Tragedy of Triumph* (Oxford University Press, 1998).

第八章　死にゆくさだめ　バビロンのアレクサンドロス

Amélie Kuhrt, 'Alexander and Babylon', *Achaemenid History 5* (1990): 121–30.

R.J. van der Speck, 'Darius III, Alexander the Great and Babylonian Scholarship', *Achaemenid History* 13 (2003): 289–346.

第九章　アレクサンドロス以後

Diana Spencer, *The Roman Alexander: Reading a Cultural Myth* (University of Exeter Press, 2002).

Richard Stoneman, *Alexander: A Life in Legend* (Yale University Press, 2008).

Claude Mossé, *Alexander: Destiny and Myth* (Johns Hopkins University Press, 2004).

C.A. Hagerman, *Britain's Imperial Muse: The Classics, Imperialism, and the Indian Empire, 1784–1914* (Palgrave Macmillan, 2013).

読書案内

古代の叙述史料

現代において，アレクサンドロスの生涯に関する叙述を再構築しようとするならば，必ず古代の叙述をひもとくことから始めなければならない。これらには翻訳がある。

Arrian, *The Campaigns of Alexander,* translated by Aubrey de Sélincourt (Penguin Classics, 1958; revised edn 1971).

Arrian, *Alexander the Great: The Anabasis and the Indica*, translated by Martin Hammond (Oxford World's Classics, 2013).

Arrian, *The Landmark Arrian: The Campaigns of Alexander*, translated by Pamela Mensch (Anchor Books, 2012).

Plutarch, *The Age of Alexander*, translated by Ian Scott-Kilvert, revised by Timothy Duff (Penguin Classics, 1973; revised edn 2012).

Plutarch, *Greek Lives*, translated by Robin Waterfield (Oxford World's Classics, 2008)

Quintus Curtius Rufus, *The History of Alexander*, translated by John Yardley (Penguin Classics, 1984).

Diodorus Siculus, *Books* 16.66–17, translated by C. Bradford Welles (Loeb Classical Library, 1963).

Justin, *Epitome of the Philippic History of Pompeius Trogus*. Volume I Books 11–12: *Alexander the Great*, translated by John Yardley (Oxford University Press, 1994).

Waldemar Heckel and John Yardley, *Alexander the Great: Historical Sources in Translation* (Wiley-Blackwell, 2004). 本書にはさまざまな断片史料も収録されている。

［アレクサンドロスの歴史家たちについて，邦訳は以下の通り。

フラウィオス・アッリアノス（大牟田章訳）『東海大学古典叢書　アレクサンドロス東征記およびインド誌』東海大学出版会，1996 年（岩波文庫版『アレクサンドロス東征記，付インド誌』上・下，2001 年）。

ディオドロス『歴史叢書』（森谷公俊訳）第 16 巻（上）『帝京史学』8 号（1993 年）303 ～ 349 頁，第 16 巻（下）『帝京史学』9 号（1994 年）191 ～ 255 頁，第 17 巻（1）『帝京史学』24 号（2009 年）167 ～ 263 頁，第 17 巻（1）『帝京史学』25 号（2010 年）235 ～ 306 頁，第 17 巻（3）『帝京史学』27 号（2012 年）135 ～ 212 頁，第 17 巻（4・完）『帝京史学』31 号（2015 年）29 ～ 165 頁。

ポンペイウス・トログス（M. ユニアヌス・ユスティヌス）（合阪学訳）『西洋古典叢書　地中海世界史』京都大学学術出版会，1998 年。

プルタルコス（村川堅太郎編，「アレクサンドロス伝」は井上一訳）『ちくま学芸文庫 英雄伝』中，筑摩書房，1996 年。（森谷公俊訳）『新訳 アレクサンドロス大王伝』河出書房新社，2017 年。

クルティウス・ルフス（谷栄一郎，上村健二訳）『西洋古典叢書　アレクサンドロス大王伝』京都大学学術出版会，2003 年。

この他，本書で註記したほとんどの古典文献には邦訳がある。ただし，碑文やパピルスなどについては史料集などに一部が収められているに過ぎない］

現代のアレクサンドロス伝

アレクサンドロス大王の伝記は次々に出版され続けている。時代を超えて，なお通用するものとしては次の 2 点が挙げられる。

Robin Lane Fox, *Alexander the Great* (Allen Lane, 1973).［ロビン・レイン・フォックス（森夏樹訳）『アレクサンドロス大王』上・下，青土社，2001 年］
A.B. Bosworth, *Conquest and Empire* (Cambridge University Press, 1988).

便利なレファレンスは以下の通り。

Waldemar Heckel. *Who's Who in the Age of Alexander the Great* (Wiley, 2006).

以下のものからは，アレクサンドロスが旅した風景をなにがしか目にすることができるかもしれない。

Michael Wood, *In the Footsteps of Alexander the Great* (BBC DVD, 1998)［マイケル・ウッド（吉野美耶子訳）『大遠征アレキサンダーの野望 ― ギリシャからアジアへの旅』ニュートンプレス，2000 年（冊子版）］

［邦語で読める，近年書かれた信頼できる著書として以下のものがある。

澤田典子『世界史リブレット人　アレクサンドロス大王 ― 今に生き続ける「偉大なる王」』山川出版社，2013 年。

ピエール・ブリアン（田村孝訳）『文庫クセジュ　アレクサンドロス大王』白水社，2003 年。

森谷公俊『興亡の世界史　アレクサンドロスの征服と神話』講談社，2007 年（講談社学術文庫版，2016 年）。

森谷公俊『ちくま学芸文庫　アレクサンドロスとオリュンピアス ― 大王の母，光輝と波乱の生涯』筑摩書房，2012 年。

森谷公俊『アレクサンドロス大王　東征路の謎を解く』河出書房新社，2017 年。

森谷公俊著，鈴木革撮影『ふくろうの本　図説 アレクサンドロス大王』河出書房新社，2013 年。

山中由里子『アレクサンドロス変相 — 古代から中世イスラームへ』名古屋大学出版会，2009 年。

エドヴァルド・ルトヴェラゼ（帯谷知可訳）『NHK ブックス　アレクサンドロス大王東征を掘る — 誰も知らなかった足跡と真実』日本放送出版協会，2006 年］

〈図版出典一覧〉

図 1：ウィキメディアコモンズ

図 2：© The Trustees of the British Museum

図 3：© The Trustees of the British Museum

図 4：© The Trustees of the British Museum

図 5：© The Art Archive/ Alamy

図 6：The Nasser D. Khalili Collection of Islamic Art, [IA17]© Nour Foundation.
［所有者に掲載を依頼中。刊行に間に合わず指示受付け次第対応します（刀水書房）］

図 7：© The Trustees of the British Museum

【付録】
碑文史料邦訳

本文に言及されている碑文史料をいくつか訳出し，読者の皆さんが自ら比較し，考えるための一助としたい。ギリシア語碑文に関しては，訳者が原文より適宜意訳しながら和訳した。また多くの碑文には大なり小なり欠損があり，現代の研究者が推測により欠損部に語を補っている。ここでは煩雑を避けるため，どこまでが補いであるのかも，また他の補いの可能性についても，特に明示しない。

ただし，欠損部の補いがきわめて不確かな場合は，疑問符を付した上で［　］でくくる。また信頼できる補いがなされていない部分は「…」等で示す。〔　〕は訳者による注釈および補足である。補足事項や原文解釈が不確かな場合にも，疑問符を付して明示する。

また，本文に言及されている二つの粘土板文書（「バビロン天文日誌」），エジプト語で書かれた「太守の石板（サトラペス・ステレ）」の一部も併せて紹介する。バビロン天文日誌のうち一つは既出の訳を転載した。もう一つの天文日誌と「太守の石板」は英訳を元に，各々の専門家から助言を仰ぎつつ，再構成したものである。

（1）本文 76 頁

ギリシア碑文集成 2 巻 3 版 1，318 番（*IG* II³ 1, 318）

アテナイのアクロポリス出土。ただし，碑文に大きな欠損部がある。以下の訳文は上記碑文集の補いに従っている

【訳】

断片 A 第一コラム

誓い：私はゼウス，ゲー，ヘリオス，ポセイドン，アテナ，アレス，あらゆる男女の神々に誓う。私は……を遵守する。また私は……の協定を破るまい。誓いを遵守する者のうち誰に対しても，陸海を問わず，敵意をもって武装するまい。またポリス〔都市国家〕も城砦も港も，和約に与《あずか》っている者のうち，誰のものに対しても，いかなる術策によっても，戦争目的で包囲をするまい。またフィリッポスならびにその子孫たちの王国を転覆させまい。各地で敷かれている政治体制についても，和平の誓いを立てていれば，同様に。私自身，

この協定に反することは何もするまいし，他の人間に委ねることもするまい。……協定違反……が通告する方法に従って，救済しよう。……について協定違反した者に対し，……と盟主の通告に従って，私は戦争を行おう。私は……を見捨てるまい。（以下略）

（2）本文 77 頁
ギリシア碑文集成 2 巻 3 版 1，443 番（*IG* II³ 1, 443）
アテナイのアクロポリス北麓出土。この碑文もやはり欠損がかなり激しい。内容を理解するにはかなり補って考える必要がある

【訳】

……送る……穀物を持っている……各人に……の分だけ。もしも……アレクサンドロス……盾持兵《ヒュパスピステス》には 1 ドラクマ，……毎日。……派遣……部隊を用いる場合，もしも……10 日分の穀物を与えた上で派遣する……〔本規定を刻んだ碑文は，〕共同で見張るべく，ピュドナ市ではアテナ女神の神域に設置し，……（以下欠損）

（3）本文 80 頁
ギリシア碑文集成 12 巻 2 − 6（*IG* XII 2, 6）前 234 年以降
ローズ & オズボン編『ギリシア歴史碑文選』85 番 B（RO 85B）として収録。以下，同 A も合わせて訳出する。いずれもレスボス島ミュティレネ出土。アイオリス方言で刻まれている

【訳】
A
評議会および民会決議。……たちが提案している件に関して。市民たちが民主政下にあるポリスに，できる限り互いに対して好意を持って，永久に暮らすことができるように。幸運のために。評議会および民会は十二神，ゼウス・ヘライオス，王妃の女神，和合の神《ホモノイオス》，和合の女神《ホモノイア》，正義の女神《ディケ》，善事成就の女神に祈願すべきこと，決議したことがミュティレネ人の市民団に有益であるならば，善事が成就した暁には，民会の決定事項に従って犠牲奉納と行列行進を執り

行うべきこと。祈願すべきことは以上の通り。またミュティレネ人市民団の幸運のために。評議会および民会は以下の通り決議すべきこと。もしも誰かが，法に従った裁判が行われたのちに国外へ亡命している，あるいは処刑されている場合には，その法が適用されるべきこと。もしも何か他の方法で，ミュティレネ人およびミュティレネに居住している者たちのうちの誰かが，サオニュモスの子ディタスがプリュタニス役の年に，市民権を奪われて国外に亡命したり，処刑されていた場合には，……財貨……この者たちのうちの誰かに……（以下欠損）

断片 B

……バシレウス役たちは，以前にポリス内にいた者が術策を用いたものと考え，帰還してきた者を支持すべし。もしも帰還してきた者のうち誰かが，この和解条項を遵守しない場合，その人物は，ポリスからいかなる財産についても［もはや回復すること能わず？］，また以前にポリス内にいた者たちが提供したものには，いっさい足を踏み入れるべからず。代わりに，以前にポリス内にいた者たちのうちから，その人物に当該の財産を提供した者たちが，そこに足を踏み入れるべし。またストラテゴス役たちはのちに，帰還してきた者が和解に応じない場合，財産を，以前にポリスにいた者に対して引き渡すべし。バシレウス役たちは，帰還してきた者が術策を用いたものと考え，以前にポリス内にいた者を支持すべし。もしも誰かが本件に関して訴訟を提起するとしても，ペリドロモス役たちもディカスコポス役たちも他の諸役職者も，取り上げるべからず。

ストラテゴス役，バシレウス役，ペリドロモス役，ディカスコポス役ならびに他の諸役によって，以下のように［注意が払われるように？］。もしも万事が決議に記された通りに行われない場合には，決議に記された諸条項のうちいずれかに違反した者に対して，有罪判決を下すべし。何も〔または「誰も」〕……以前にポリス内にいた

者たちに対して……することなく，全員がお互いに和合し，和解した上で，企み事をせずにポリスを営み，また記された通達文書と本決議にある和解を遵守するように。

民会は和解委員のために男子20名を選出すべきこと。10名は帰還した者たちのうちから，10名は以前にポリス内にいた者たちのうちから。この者たちは，帰還してきた者たちにとっても，以前にポリス内にいた者たちにとっても，何ら利に反することが生じないよう，［熱心に？］守り，配慮すべし。［帰還した者たちによって？］権利請求が行われている財産に関しては，以前にポリス内にいた者たちに対するものも，お互いに対するものも，万事解決されるようにし，さもなければ，彼らはできうる限り公正さを保ち，王〔アレクサンドロス〕が決定した通達文書にある和解規定を順守するように。そしてポリスおよび田園部で和合して暮らすように。

現金に関しては，最大限和解に資することになるように，そして市民たちが立てる誓いに関して，彼らが相互に同意している限りのことに関してはすべて，選出された委員が民会に付託すべきこと。そして民会は，聴取した上で，利益となるならば，評議せよ。もしも……互いに利益となるように合意した事項……，スミンティアスがプリュタニス役の年に帰還した者たちに対して［もまた，他の者たちに対して決議されたことが有効であるべし？］。

決議に何かしら不足がある場合，その件に関する判定は評議会に委ねるべし。

決議が民会によって発効されたならば，市民団は［マイマクテル月の？］20日目にあらゆる神々に対して，帰還してきた者たちと以前にポリス内にいた者たちとの和解が，市民全員の安寧と幸福に資するものとなるように，祈願すべし。公的な神官および女神官たちは神室への扉をすべて開き，市民団は祈願のために参集するべきこと。王〔アレクサンドロス〕に対して伝達役を派遣した際に市民団が祈願

を行った犠牲については，……。供儀には，和解委員も，王〔アレクサンドロス〕に対して派遣された伝達役たちも，ポリスにいた者たちから派遣された者も，帰還した者たちから派遣された者も参加すべきこと。

本決議を財務役たちは石碑に刻み，……の聖域に設置すべきこと……。

（4）本文 81 頁

ローズ & オズボン編『ギリシア歴史碑文選』84 番（RO 84）前 234 年

二つの碑文から構成されている。碑文 A は，キオス島キオス市近郊の町ヴェルヴェラトより出土。欠損部は少ない。基本的にはコイネー（アレクサンドロス大王の時代以降に広く流布したギリシア語）で書かれている。碑文 B は，キオス市内の教会より発見された。欠損部が大きく，研究者による推測，補いに拠るところが大きい。有力な統治者，おそらくアレクサンドロスからの書簡だと考えられている。こちらはコイネーの影響を受けた東部イオニア方言で刻まれている

【訳】

A

デイシテオスがプリュタニス役の年に。王アレクサンドロスよりキオス人の市民団へ。

キオスからの亡命者たちは全員帰国すべきこと。国体はキオスでは市民団〔＝民主政〕であるべきこと。諸法を起草し，改定するための法起草委員を選出すべきこと。民主政に反するものでもなく，亡命者の帰還の妨げとなるものともならぬように。改正あるいは起草されたものはアレクサンドロスに報告されるべきこと。またキオス人たちは三段櫂船 20 艘に自費で人員を配置した上で提供するべきこと。これらの船は，他のギリシア人たちの艦隊が我々とともに航行している間，航行するべきこと。蛮族の民〔＝アケメネス朝ペルシア帝国〕に対してポリスを裏切った者たちのうち，先に亡命した者たちに関しては，ギリシア人たちの決定に従って，彼らを，和平に

参与する全ポリスから追放するとともに，捕縛対象者とすべきこと。市内に取り残されていた者たちは，連行され，ギリシア人の合同議会において判定されるべきこと。帰国し終えた者たちとポリスにとどまっていた者たちによって何らかの紛争が生ずる場合には，彼らはこの件に関して我々の下で判定を受けるべきこと。キオス人たちが和解するまで，王アレクサンドロスより彼らの許に，十分な規模の駐留部隊があるべきこと。キオス人たちがこれを維持するべきこと。

B

……市民団が設定した罰に関して保証人を設定しない者たちは，公職者が枷《かせ》によって拘束して監視すべし。そのうち誰か脱走する者があれば，公職者たちが罰金を支払うべきこと。

残余のキオス人については，誰一人として蛮族支持〔＝アケメネス朝ペルシア側に加担，亡命したこと〕の廉で告発すべからざること。在留外国人についても同様。

またアルキマコス〔詳細不明。アレクサンドロスから派遣されていた人間か〕は［告発者たらざること？］。……彼は，蛮族の民〔アケメネス朝ペルシア〕の許へ自ら進んで出奔したのではないとの証言を得ているがゆえに。また彼は我が友であり，そなたたち多数派を熱心に支持していた。というのも，彼は亡命者の帰国を画策し，また蛮族の民によってかつて諸君らの許に敷かれていた寡頭制から，諸君らのポリスを解放しようと試みていたのであるから。それゆえ，彼が市民団のために為した功績と，諸君らに関する係争において彼が為してきた協力に対し，その返報として，彼の父に対する処分の決定を無効とせよ。ポリスが接収したものについては，やって来た者たち〔亡命からの帰還者〕のうち最初に彼に返還するべきこと。また彼とその友人たちを顕彰し，彼を愛国者として信用するべきこと。というのも，諸君らがこれらのことをなすならば，私は嬉しく，もし

も諸君らが私に何かを要求する場合には，諸君らをよりいっそう熱心に支持するであろう。

（5）本文83頁

ローズ&オズボン編『ギリシア歴史碑文選』86番（RO 86）前334年以降

プリエネのアテナ・ポリアス神殿前部壁面に刻まれていた銘文。おおむねコイネーで書かれている。Bについては，P. Thonemann, Alexander, Priene, and Naulochon, in Martzavou and Papazarkadas(eds.), *Epigraphical Approaches to the Post-Classical Polis,* Oxford, 2013, 23-36が提唱する最新のテキストに依拠して訳出する。アレクサンドロスの態度や訴訟への関わりが断片的ながら推測できる

【訳】

A

王アレクサンドロスがアテナ・ポリアスに神殿を奉献した。

B

王アレクサンドロスの〔決定〕。

ナウロコン〔プリエネの港湾〕に居住している者のうち，ギリシア人である限りの者たちは，プリエネ人同様，ポリスと田園部，すなわち海とサンデイスの丘の間にある土地と家屋をすべて保持したまま，自治を保ち，自由であるべきこと。……ミュル……と……〔おそらくナウロコン周辺の村落名が三つほど続く〕，およびこれらに属する土地に関しては，余は，自らのものと決定する。これらの村落に居住する者たち〔おそらく非ギリシア人〕は貢租を収めるべきこと。しかし貢納金に関しては，プリエネ人のポリスは免除しており，駐留部隊をアクロポリスに（？）入れることは，諸君らに委ねる。……裁判……諸君らを……法廷……要求……諸君ら……

（6）本文88頁

ローズ&オズボン編『ギリシア歴史碑文選』101番（RO 101）前324/323年

デルフォイの聖域東部で出土した石板。碑文の欠損が激しいのは碑文頭部と末尾のみだが，アルカディア方言で記されたギリシア語は，背景知識の不足もあり，必ずしも理解が容易ではなく，研究者間でも意見の相違が見られる。以下の訳文は，ギリシア語原文から，ローズ＆オズボンの解釈を参考にしつつ，さらに本書の原著者ボーデンの解釈を反映して翻訳したものである。

【訳】

……ポリスが使節を派遣し，王アレクサンドロスが自らの裁定を我々に書き送ってきた件について，通達文書を刻文すべきこと。ただし，通達文書に対して異議が唱えられたことに関して，ポリスが修正を加えた内容に沿って。

帰還してきた亡命者たちは，亡命前に有していた「父の財産《パトロイア》」を回復するべきこと。「母の財産《マトロイア》」も同様。すなわち，女性が結婚しておらず，これを所有しており，兄弟を有していなかった場合である。もしも，結婚した女性の兄弟が，本人もその子孫も死亡していた場合には，「母の財産」はその人物のものとすべきこと，またそれ以上もはやさかのぼるべからざること。

家屋に関しては，通達文書に従い，〔帰還者の〕各人が一つずつ所有するべきこと。もしも家屋に隣接して庭がある場合には，他のものに手を出すべからず。もしも家屋に隣接する庭がなく，1プレトロン以内の近い所にある場合には，その庭を取得すべし。もしも庭が1プレトロン以上離れている場合には，その他の土地に関しても定められているように，その半分を取得すべし。〔帰還者に渡す家屋を保有していた者たちは（？）〕家屋の対価として，一部屋あたり（？）2ムナを受け取るべし。家屋の価格はポリスの判断に従うものとすべきこと。庭に関しては法に定められたものの2倍の価格を受け取るべきこと。またポリスが〔保証金としての（？）〕現金を拠出すべきこと，さらに亡命者たちに対しても，以前ポリスに住んでいたものたちに対しても，抹消すべからざること（？）。

亡命者たちが排除された祭典に関しては，ポリスが審議すべきこと，そしてポリスが審議したことが有効であるべし。

外国人法廷は60日間開廷すべきこと。60日間以内に審理が決しない者たちに関しては，外国人法廷ではなく，その都度，市民法廷で財産に関する裁判を受けるべきこと。あとで何かを発見する場合，法廷設置から60日以内に。この期間にも審理が決しない場合には，その人物はもはや訴訟すること能わず。もしも誰かがのちに戻ってくる場合，もはや外人法廷は存在しないため，60日以内にストラテゴス役たちの許で財産の登録をすべきこと。もしも彼らに対して何か弁護する必要がある場合には，法廷はマンティネイアとすべきこと。この期間に審理が決しない場合には，その人物はもはや訴訟すること能わず。

女神に対する債務を含めた，聖なる財貨全般に関して。女神に対してポリスが返済した件に関しては，その財産を持っている人間は，他の者たちと同様に，半分を帰還した者に渡すべし。また，本人たちが女神に対して担保設定をしているか，その他の方法で負債がある場合，もしも財産を有している人間が神に負債を返済しているように思われるならば，他の者たち同様，帰還者に対して，半分を渡すべし。いっさい，残すことなく。もしも女神に対して支払いを済ませているように思われない場合には，財産の半分を帰還者に渡すべし，そして半分で本人が負債を返済すべし。もしも返済を望まぬ場合，帰還者に財産をすべて渡し，受け取った人間が女神に対する負債をすべて返済すべし。

亡命者の妻や娘たちが，自国にとどまって結婚をし，あるいは亡命したのちにテゲアで結婚をして，自国にとどまって解放を買い取った場合，これらは「父の財産」に関しても「母の財産」に関しても審査の対象とはしないこと。子孫も同様。しかし〔結婚した〕のちに，亡命せざるを得なかったわけではなく，今回この機会に本人もしく

はその子供が帰還してきた場合，本人もその子孫たちも，「父の財産」および「母の財産」に関して通達文書に従って審査を受けるべきこと。

ゼウス，アテナ，アポロン，ポセイドンにかけて，私は誓います。ポリスが受け入れを決定した帰還者たちに対して，私は好意的に振る舞うことにしましょう。私がこの宣誓を行った日よりのち，この方々の誰一人に対しても，彼らが説得してさせようとしていたことについて，蒸し返したりすることはいたしません。帰還した者たちの安全を妨害することもいたしません。……もなく，……ポリスの公共の場で……通達文書……帰還してきた者たちに対して……ポリス……通達文書に記載されている事項……誰に対しても私は望みますまい。

（7）本文 114，154 頁
バビロン天文日誌（前 331 ～前 330 年，BM 36761）
バビロン天文日誌は，前 7 世紀～前 1 世紀にかけてバビロンで作成された楔形文字を使用した粘土板文書で，バビロンの主神マルドゥクの神殿に仕える学者たちが製作した。この年の記事のうち，関連する部分を訳出してある三津間康幸氏の訳（歴史学研究会編『世界史史料集　1 巻　古代のオリエントと地中海世界』岩波書店，2012 年，210 番）を拝借した。固有名詞に関しては，本文との整合性を考え，若干修正してある。なお，バビロン天文文書については，同氏の本村凌二他『ローマ帝国と地中海文明を歩く』講談社，2013 年に収録された論考が読みやすく，参考になる

【訳】
表面 14 ～ 18 行
〔第 6 の月〕同月 11 日，恐慌が陣営の中，王〔ダレイオス 3 世〕の前で起こり，…
彼ら〔アレクサンドロス軍〕は王に対して〔陣を〕張った。24 日朝，世界の王〔アレクサンドロス 3 世〕は旗を掲げ…

彼ら〔両軍〕は互いに胸を打ち合って〔戦い〕，軍勢に多大な損害が生じた。…

彼〔ダレイオス3世〕の軍隊は王を捨てて彼らの諸市へ…

グティの地〔バニロニア北東の夷狄《いてき》の地〕へ彼らは逃げた。

裏面3～11行

〔第7の月〕同月1日から〔…〕日まで…

はバビロンへ行って次のように言った。エサギラ〔バビロンの主神マルドゥクの神殿〕…

およびバビロンの子らはエサギラの財産に…。

11日，シッパル〔バグダート南方の古代都市〕でアレクサンドロス，世界の王の決定が次のように…。

…あなたの家には余は入るまい。

13日，…

カシキラ〔エサギラへの入口門〕，エサギラの外門および…。

…14日，これらのヤマナ人〔ギリシア人〕が雄牛，…

短い肪《あばら》，脂肪を捧げた。

…日，アレクサンドロス，世界の王がバビロンに入った。…

(8) 本文9頁

バビロン天文日誌（前323/322年，BM 45962）

以下は，アレクサンドロス治世14年目，王の死を伝える記事を含む日誌である。こちらは史料の英訳を翻訳した上で，専門家である三津間康幸氏に確認していただき，原文の文意を損なわないよう注意した

【訳】

表面2～11行

〔第2の月〕［…日夜，］…水星はふたご座β星の下，2と2分の1キュビット。［…日］夜，…

14日夜，宵の口，月はへびつかい座θ星の前…。

…夜半前，水星は土星の上14指〔に位置した〕。…

…が空を行った。21日，雲が空を行った。22日夜，雲が…

…2と3分の2キュビット。雲が空にあった。24日，雲が空…

…雲が空を行った。27日夜，雲が空を行った。27日，…

…東にあった。29日，王崩御。雲が空…

同月，1シェケルの精錬された銀と交換できたのは，…コショウソウ1セア4カ〔10リットル〕，ゴマ3と2分の1カ〔3リットル半〕，…

当時，…土星は双児宮に，月末には巨蟹宮に。火星は処女宮にあった。…

…ベール〔マルドゥク〕の大門…

（9）本文95頁
太守の石板（サトラペス・ステレ）前311年

前311年，エジプトは公式にはマケドニア王アレクサンドロス4世（大王の息子）の統治下にあったことになっているが，実質的にはアレクサンドロス3世の将軍であった，太守（サトラペス）プトレマイオスの支配下にあった。先の戦争でシリア・パレスティナ地方を勢力下に収めたプトレマイオスは，ブトという町の神々に感謝の奉納を行う。碑文はこれについて，その経緯も含めてエジプト語で記されたものであり，ここにプトレマイオスと都市アレクサンドリアとの関係が言及されている。翻訳は，Katja Mueller, *Settlements of the Ptolemies: City Foundations and New Settlement in the Hellenistic World*, Leuben, 2006, p.19などの英訳を参照し，専門家である中野智章氏の助言を受けて制作した

【訳】
治世7年目，アケト期〔増水期〕第1月。（中略）
彼〔プトレマイオス〕はアジアで見つけた神々の像を取り戻し，上下エジプトの諸神殿の道具類や「ラーの魂」〔巻子本〕をすべて，それぞれの場所に回復した。彼は，ギリシア人の大いなる緑の海〔地中海〕の岸辺にある，上下エジプトの王，メリカーアメン・セテプエンラー〔アレクサンドロス3世のエジプトファラオとしての即位名。「アメン神の

カーに愛され，ラー神に選ばれし者」の意〕，ラーの子，アレクサンドロスの城砦，かつてラコティスと呼ばれた場所に居を定めると，数多くのギリシア人たちと馬，数多くの軍船と軍勢を集めた。やがて彼は麾下《きか》の軍を率いて，彼と干戈《かんか》を交えていたシリア人たちの地へ渡り，小鳥らを追う猛禽のごとくに勇猛に敵地に乗り込み，彼らを一気に捕らえた。（以下略）

〈歴史・民族・文明〉

刀水歴史全書 97

アレクサンドロス大王

2019年6月27日　初版 1 刷発行

著　者　ヒュー・ボーデン

訳　者　佐藤　昇

発行者　中村文江

発行所　株式会社　刀水書房
〒101-0065　東京都千代田区西神田2-4-1　東方学会本館
TEL 03-3261-6190　FAX 03-3261-2234　振替00110-9-75805

組版　MATOI DESIGN
印刷　亜細亜印刷株式会社
製本　株式会社ブロケード

 ISBN978-4-88708-442-1　C1322

刀水歴史全書 —歴史・民族・文明—

四六上製　平均300頁　随時刊　（価格は税別）

樺山紘一
1 **カタロニアへの眼**（新装版）
歴史・社会・文化
1979,2005(新装版)　000-X　四六上製　289頁＋口絵12頁　￥2300
西洋の辺境，文明の十字路カタロニアはいかに内戦を闘い，なぜピカソら美の巨人を輩出したか。カタロニア語を習い，バルセロナに住んで調査研究した歴史家によるカタロニア文明論

R.C.リチャードソン／今井　宏訳
2 **イギリス革命論争史**
1979　001-8　四六上製　353頁　￥2200
市民革命とは何であったか？　同時代人の主張から左翼の論客，現代の冷静な視線まで，革命研究はそれぞれの時代,立場を反映する。論者の心情をも汲んで著された類書のない学説史

山崎元一
3 **インド社会と新仏教**
アンベードカルの人と思想〔付〕カースト制度と不可触民制
1979　＊002-7　四六上製　275頁　￥2200
ガンディーに対立してヒンドゥーの差別と闘い，インドに仏教を復興した不可触民出身の政治家の生涯。日本のアンベードカル研究の原典であり，インドの差別研究のほとんど最初の一冊

G.バラクロウ編／木村尚三郎解説・宮島直機訳
4 **新しいヨーロッパ像の試み**
中世における東欧と西欧
1979　003-4　四六上製　258頁　￥2330
最新の中世史・東欧史の研究成果を背景に，ヨーロッパの直面する文明的危機に警鐘を鳴らした文明史家の広ヨーロッパ論。現代のヨーロッパの統一的傾向を最も早く洞察した名著。図版127点

W.ルイス，村上直次郎編／富田虎男訳訂
5 **マクドナルド「日本回想記」**
［再訂版］　インディアンの見た幕末の日本
1979　＊005-8　四六上製　313頁　￥2200
日本をインディアンの母国と信じて密航した青年の日本観察記。混血青年を優しくあたたかく遇した幕末の日本と日本人の美質を評価。また幕末最初の英語教師として評価されて，高校英語教科書にものっている

J.スペイン／勝藤　猛・中川　弘訳
6 **シルクロードの謎の民**
パターン民族誌
1980　006-9　四六上製　306頁　￥2200
文明を拒否して部族の掟に生き，中央アジア国境地帯を自由に往来するアフガン・ゲリラの主体パターン人，かつてはイギリスを，近くはロシアを退けた反文明の遊牧民。その唯一のドキュメンタルな記録

B.A.トゥゴルコフ／加藤九祚解説・斎藤晨二訳
7 **トナカイに乗った狩人たち**
北方ツングース民族誌
1981　024-7　四六上製　253頁　￥2233
広大なシベリアのタイガを漂泊するエベンキ族の生態。衣食住，狩猟・遊牧生活から家族，氏族，原始文字，暦，シャーマン，宇宙観まで。ロシア少数民族の運命

G.サルガードー／松村　赳訳
8 **エリザベス朝の裏社会**
1985　060-3　四六上製　338頁　￥2500
シェイクスピアの戯曲や当時のパンフレット“イカサマ読物”“浮浪者文学”による華麗な宮廷文化の時代の裏面。スリ・盗賊・ペテン師などの活躍する新興の大都会の猥雑な現実

P.F.シュガー,I.J.レデラー 編／東欧史研究会訳

9 **東欧のナショナリズム**

歴史と現在

1981 025-5 四六上製 578頁 ¥4800

東欧諸民族と諸国家の成立と現在を，19世紀の反トルコ・反ドイツ・反ロシアの具体的な史実と意識のうえに捉え，東欧紛争の現在の根源と今後の世界のナショナリズム研究に指針を与える大著

R.H.C.デーヴィス／柴田忠作訳

10 **ノルマン人** ［品切］

その文明学的考察

1981 027-1 四六上製 199頁 ¥2233

ヨーロッパ中世に大きな足跡をのこしたヴァイキングの実像を文明史的に再評価し，ヨーロッパの新しい中世史を構築する第一人者の論究。ノルマン人史の概説として最適。図版70余点

中村寅一

11 **村の生活の記録** （下）［品切］

(上)上伊那の江戸時代 (下)上伊那の明治・大正・昭和

1981 028-X 029-8 四六上製 195頁,310頁 ¥1845 ¥1800

村の中から村を描く。柳田・折口体験をへて有賀喜左衛門らとともに，民俗・歴史・社会学を総合した地域史をめざした信州伊那谷の先覚者の業績。中央に追従することなく，地域史として独立し得た数少ない例の一つ

岩本由輝

12 きき書き**六万石の職人衆**

相馬の社会史

1980 010-7 四六上製 252頁 ¥1800

相馬に生き残った100種の職人の聞き書き。歴史家と職人の心の交流から生れた明治・大正・昭和の社会史。旅職人から産婆，ほとんど他に見られない諸職が特に貴重

---

13 （缺番）

田中圭一

14 **天領佐渡** （1）［品切］

(1)(2)村の江戸時代史 上・下 (3)島の幕末

1985 061-1,062-X,063-8 四六上製 (1)275頁 (2) 277頁 (3) 280頁 (1)(2) ¥2000 (3)¥2330

戦国末〜維新のムラと村ビトを一次史料で具体的に追求し，天領の政治と村の構造に迫り，江戸〜明治の村社会と日本を発展的にとらえる。民衆の活躍する江戸時代史として評価され，新しい歴史学の方向を示す

岩本由輝

15 **もう一つの遠野物語** ［追補版］

（付）柳田國男南洋委任統治資料六点

1994 ＊130-7 四六上製 275頁 ¥2200

水野葉舟・佐々木喜善によって書かれたもう一つの「遠野物語」の発見。柳田をめぐる人間関係，「遠野物語」執筆前後の事情から山人〜常民の柳田学の変容を探る。その後の柳田学批判の先端として功績は大きい

森田安一

16 **スイス** ［三補版］

歴史から現代へ

1995 159-6 四六上製 304頁 ¥2200

13世紀スイス盟約者団の成立から流血の歴史をたどり，理想の平和郷スイスの現実を分析して新しい歴史学の先駆と評価され，中世史家の現代史として，中世から現代スイスまでを一望のもとにとらえる

樺山紘一・賀集セリーナ・富永茂樹・鳴海邦碩

17 **アンデス高地都市** ［品切］

ラ・パスの肖像

1981 020-4 四六上製 図版多数 257頁 ¥2800

ボリビアの首都ラ・パスに展開するスペイン，インディオ両文明の相克。歴史・建築・文化人類・社会学者の学際協力による報告。図版多数。若く多才な学者たちの協力の成功例の一つといわれる

A．ノーヴ／和田春樹・中井和夫訳　［品切］

18 **スターリンからブレジネフまで**

ソヴェト現代史

1983　043-3　四六上製　315頁　¥2427

スターリン主義はいかに出現し，いかなる性格のものだったか？　冷静で大胆な大局観をもつ第一人者による現代ソ連研究の基礎文献。ソ連崩壊よりはるか前に書かれていた先覚者の業績

19 **（缺番）**

増井經夫

20 **中国の歴史書**

中国史学史

1984　052-2　四六上製　298頁　¥2500

内藤湖南以後誰も書かなかった中国史学史。尚書・左伝から梁啓超，清朝野史大観まで，古典と現代史学の蘊蓄を傾けて，中国の歴史意識に迫る。自由で闊達な理解で中国学の世界に新風を吹きこむ。ようやく評価が高い

G．P．ローウィック／西川　進訳

21 **日没から夜明けまで**

アメリカ黒人奴隷制の社会史

1986　064-6　四六上製　299頁　¥2400

アメリカの黒人奴隷は，夜の秘密集会を持ち，祈り，歌い，逃亡を助け，人間の誇りを失わなかった。奴隷と奴隷制の常識をくつがえす新しい社会史。人間としての彼らを再評価するとともに，社会の構造自体を見なおすべき衝撃の書

山本　新著／神川正彦・吉澤五郎編

22 **周 辺 文 明 論**

欧化と土着

1985　066-2　四六上製　305頁　¥2200

文明の伝播における様式論・価値論を根底に，ロシア・日本・インド・トルコなど非西洋の近代化＝欧化と反西洋＝土着の相克から現代の文明情況まで。日本文明学の先駆者の業績として忘れ得ない名著

小林多加士

23 **中国の文明と革命**

現代化の構造

1985　067-0　四六上製　274頁　¥2200

万元戸，多国籍企業に象徴される中国現代の意味を文化大革命をへた中国の歴史意識の変革とマルキシズムの新展開に求める新中国史論

R．タカキ／富田虎男・白井洋子訳

24 **パ ウ ・ ハ ナ**

ハワイ移民の社会史

1986　071-9　四六上製　293頁　¥2400

ハワイ王朝末期に，全世界から集められたプランテーション労働者が，人種差別を克服して，ハワイ文化形成にいたる道程。著者は日系３世で，少数民族・多文化主義研究の歴史家として評価が高い

原田淑人

25 **古代人の化粧と装身具**

1987　076-X　四六上製　図版180余点　227頁　¥2200

東洋考古学の創始者，中国服飾史の開拓者による古代人の人間美の集成。エジプト・地中海，インド，中央アジアから中国・日本まで，正倉院御物に及ぶ美の伝播，唯一の概説書

E．ル･ロワ･ラデュリ／井上幸治･渡邊昌美･波木居純一訳

26 **モンタイユー**（上）（下）

ピレネーの村　1294～1324

(上)1990 (下)1991　＊086-7　＊125-3　四六上製　367頁 425頁　¥2800 ¥3301

中世南仏の一寒村の異端審問文書から，当時の農村生活を人類学的手法で描き，75年発刊以来，社会史ブームをまきおこしたアナール派第３世代の代表作。ピレネー山中寒村の，50戸，200人の村人の生活と心性の精細な描写

ダヴ・ローネン／浦野起央・信夫隆司訳

27 **自決とは何か** ［品切］

ナショナリズムからエスニック紛争へ

1988 095-6 四六上製 318頁 ¥2800

自殺ではない。みずからを決定する自決。革命・反植民地・エスニック紛争など，近現代の激動を“自決 Self-determination への希求”で解く新たなる視角。人文・社会科学者の必読書

メアリ・プライア編著／三好洋子編訳

28 **結婚・受胎・労働** ［品切］

イギリス女性史1500～1800

1989 099-9 四六上製 270頁 ¥2500

イギリス女性史の画期的成果。結婚・再婚・出産・授乳，職業生活・日常生活，日記・著作。実証的な掘り起こし作業によって現れる普通の女性たちの生活の歴史

M. I. フィンレイ／柴田平三郎訳

29 **民主主義―古代と現代** ［品切］

1991 118-9 四六上製 199頁 ¥2816

古代ギリシア史の専門家が思想史として対比考察した古代・現代の民主主義。現代の形骸化した制度への正統なアカデミズムからの警鐘であり，民主主義の本質に迫る一書

木崎良平

30 **光太夫とラクスマン**

幕末日露交渉史の一側面

1992 134-0 四六上製 266頁 ¥2524

ひろく史料を探索して見出した光太夫とラクスマンの実像。「鎖国三百年史観」をうち破る新しい事実の発見が，日本の夜明けを告げる。実証史学によってはじめて可能な歴史の本当の姿の発見

青木　豊

31 **和鏡の文化史**

水鑑から魔鏡まで

1992 139-1 四六上製 図版300余点 305頁 ¥2500

水に顔を映す鏡の始まりから，その発達・変遷，鏡にまつわる信仰・民俗，十数年の蓄積による和鏡に関する知識体系化の試み。鏡に寄せた信仰と美の追求に人間の実像が現れる

Y. イチオカ／富田虎男・粂井輝子・篠田左多江訳

32 **一　世**

黎明期アメリカ移民の物語り

1992 141-3 四六上製 283頁 ¥3301

人種差別と排日運動の嵐の中で，日本人留学生，労働者，売春婦はいかに生きたか。日系アメリカ人一世に関する初の本格的研究の始まり，その差別と苦悩と忍耐を見よ（著者は日系二世）

鄧　搏鵬／後藤均平訳

33 **越 南 義 烈 史**

抗仏独立運動の死の記録

1993 143-X 四六上製 230頁 ¥3301

19世紀後半，抗仏独立闘争に殉じたベトナムの志士たちの略伝・追悼文集。反植民地・民族独立思想の原点（1918年上海で秘密出版）。東遊運動で日本に渡った留学生200人は，やがて日本を追われ，各地で母国の独立運動を展開して敗れ，つぎつぎと斃れるその記録

D. ジョルジェヴィチ, S. フィシャー・ガラティ／佐原徹哉訳

34 **バルカン近代史**

ナショナリズムと革命

1994 153-7 四六上製 262頁 ¥2800

かつて世界の火薬庫といわれ，現在もエスニック紛争に明け暮れるバルカンを，異民族支配への抵抗と失敗する農民蜂起の連続ととらえる。現代は，過去の紛争の延長としてあり，一朝にして解決するようなものではない

C. メクゼーパー, E. シュラウト共編／瀬原義生監訳, 赤阪俊一・佐藤専次共訳

35 **ドイツ中世の日常生活**

騎士・農民・都市民

1995 ＊179-6 四六上製 205頁 ¥2800

ドイツ中世史家たちのたしかな目が多くの史料から読みとる新しい日常史。普通の“中世人”の日常と心性を描くが，おのずと重厚なドイツ史学の学風を見せて興味深い

神山四郎　［比較文明学叢書１］ 36 **比較文明と歴史哲学** 1995　182-0　四六上製　257頁　¥2800	歴史哲学者による比較文明案内。歴史をタテに発展とみる旧来の見方に対し，ヨコに比較する多系文明の立場を推奨。ボシュエ，ヴィコ，イブン・ハルドゥーン，トインビーと文明学の流れを簡明に
神川正彦　［比較文明学叢書２］ 37 **比較文明の方法** 新しい知のパラダイムを求めて 1995　184-7　四六上製　275頁　¥2800	地球規模の歴史的大変動の中で，トインビー以降ようやく高まる歴史と現代へのパースペクティヴ，新しい知の枠組み，学の体系化の試み。ニーチェ，ヴェーバー，シュペングラーを超えてトインビー，山本新にいたり，原理と方法を論じる
B.A.トゥゴルコフ／斎藤晨二訳 38 **オーロラの民** ユカギール民族誌 1995　183-9　四六上製　220頁　¥2800	北東シベリアの少数民族人口1000人のユカギール人の歴史と文化。多数の資料と現地調査が明らかにするトナカイと犬ぞりの生活・信仰・言語。巻末に調査報告「ユカギール人の現在」
D.W.ローマックス／林　邦夫訳 39 **レコンキスタ** 中世スペインの国土回復運動 1996　180-4　四六上製　314頁　¥3300	克明に史実を追って，800年間にわたるイスラム教徒の支配からのイベリア半島奪還とばかりはいいきれない，レコンキスタの本格的通史。ユダヤ教徒をふくめ，三者の対立あるいは協力，複雑な800年の情勢に迫る
A.R.マイヤーズ／宮島直機訳 40 **中世ヨーロッパの身分制議会** 新しいヨーロッパ像の試み（２） 1996　186-3　四六上製　214頁　¥2800	各国の総合的・比較史的研究に基づき，身分制議会をカトリック圏固有のシステムととらえ，近代の人権思想もここから導かれるとする文化史的な画期的発見，その影響に注目が集まる。図写79点
M.ローランソン，J.E.シーヴァー／白井洋子訳 41 **インディアンに囚われた白人女性の物語** 1996　195-2　四六上製　274頁　¥2800	植民地時代アメリカの実話。捕虜となり生き残った２女性の見たインディアンの心と生活。牧師夫人の手記とインディアンの養女となった少女の生涯。しばしば不幸であった両者の関係を見なおすために
木崎良平 42 **仙台漂民とレザノフ** 幕末日露交渉史の一側面No.2 1997　198-7　四六上製　261頁　¥2800	日本人最初の世界一周と日露交渉。『環海異聞』などに現れる若宮丸の遭難と漂民16人の数奇な運命。彼らを伴って通商を迫ったロシア使節レザノフ。幕末日本の実相を歴史家が初めて追求した
U.イム・ホーフ／森田安一監訳，岩井隆夫・米原小百合・佐藤るみ子・黒澤隆文・踊共二共訳 43 **スイスの歴史** 1997　207-X　四六上製　308頁　¥2800	日本初の本格的スイス通史。ドイツ語圏でベストセラーを続ける好著の完訳。独・仏・伊のことばの壁をこえてバランスよくスイス社会と文化を追求，現在の政治情況に及ぶ
E.フリート／柴嵜雅子訳 44 **ナチスの陰の子ども時代** あるユダヤ系ドイツ詩人の回想 1998　203-7　四六上製　215頁　¥2800	ナチスの迫害を逃れ，17歳の少年が単身ウィーンからロンドンに亡命する前後の数奇な体験を中心にした回想録。著者は戦後のドイツで著名なユダヤ系詩人で，本書が本邦初訳

今谷明・大濱徹也・尾形勇・樺山紘一・木畑洋一編

45 20世紀の歴史家たち

(1)日本編(上) (2)日本編(下) (5)日本編(続) (3)世界編(上) (4)世界編(下)

1997～2006　四六上製　平均300頁　各￥2800

歴史家は20世紀をどう生きたか，歴史学はいかに展開したか。科学としての歴史学と人間としての歴史家，その生と知とを生々しく見つめようとする。書かれる歴史家と書く歴史家，それを読む読者と三者の生きた時代

日本編(上)　1997 211-8

1 徳富蘇峰（大濱徹也）
2 白鳥庫吉（窪添慶文）
3 鳥居龍蔵（中薗英助）
4 原勝郎（樺山紘一）
5 喜田貞吉（今谷明）
6 三浦周行（今谷明）
7 幸田成友（西垣晴次）
8 柳田國男（西垣晴次）
9 伊波普猷（高良倉吉）
10 今井登志喜（樺山紘一）
11 本庄栄治郎（今谷明）
12 高群逸枝（栗原弘）
13 平泉澄（今谷明）
14 上原専祿（三木亘）
15 野呂栄太郎（神田文人）
16 宮崎市定（礪波護）
17 仁井田陞（尾形勇）
18 大塚久雄（近藤和彦）
19 高橋幸八郎（遅塚忠躬）
20 石母田正（今谷明）

日本編(下)　1999 212-6

1 久米邦武（田中彰）
2 内藤湖南（礪波護）
3 山路愛山（大濱徹也）
4 津田左右吉（大室幹雄）
5 朝河貫一（甚野尚志）
6 黒板勝美（石井進）
7 福田徳三（今谷明）
8 辻善之助（圭室文雄）
9 池内宏（武田幸男）
10 羽田亨（羽田正）
11 村岡典嗣（玉懸博之）
12 田村栄太郎（芳賀登）
13 山田盛太郎（伊藤晃）
14 大久保利謙（由井正臣）
15 濱口重國（菊池英夫）
16 村川堅太郎（長谷川博隆）
17 宮本常一（西垣晴次）
18 丸山眞男（坂本多加雄）
19 和歌森太郎（宮田登）
20 井上光貞（笹山晴生）

日本編(続)　2006 232-0

1 狩野直喜（戸川芳郎）
2 桑原隲蔵（礪波護）
3 矢野仁一（挾間直樹）
4 加藤繁（尾形勇）
5 中村孝也（中田易直）
6 宮地直一（西垣晴次）
7 和辻哲郎（樺山紘一）
8 一志茂樹（古川貞雄）
9 田中惣五郎（本間恂一）
10 西岡虎之助（西垣晴次）
11 岡正雄（大林太良）
12 羽仁五郎（斉藤孝）
13 服部之總（大濱徹也）
14 坂本太郎（笹山晴生）
15 前嶋信次（窪寺紘一）
16 中村吉治（岩本由輝）
17 竹内理三（樋口州男）
18 清水三男（網野善彦）
19 江口朴郎（木畑洋一）
20 林屋辰三郎（今谷明）

世界編(上)　1999 213-4

1 ピレンヌ（河原温）
2 マイネッケ（坂井榮八郎）
3 ゾンバルト（金森誠也）
4 メネンデス・ピダール（小林一宏）
5 梁啓超（佐藤慎一）
6 トーニー（越智武臣）
7 アレクセーエフ（加藤九祚）
8 マスペロ（池田温）
9 トインビー（芝井敬司）
10 ウィーラー（小西正捷）
11 カー（木畑洋一）
12 ウィットフォーゲル（鶴間和幸）
13 エリアス（木村靖二）
14 侯外廬（多田狷介）
15 ブローデル（浜名優美）
16 エーバーハルト（大林太良）
17 ウィリアムズ（川北稔）
18 アリエス（杉山光信）
19 楊寛（高木智見）
20 クラーク（ドン・ベイカー 藤川隆男訳）
21 ホブズボーム（水田洋）
22 マクニール（高橋均）
23 ジャンセン（三谷博）
24 ダニーロフ（奥田央）
25 フーコー（福井憲彦）
26 デイヴィス（近藤和彦）
27 サイード（杉田英明）
28 タカキ，R.（富田虎男）

世界編(下)　2001 214-2

1 スタイン（池田温）
2 ヴェーバー（伊藤貞夫）
3 バルトリド（小松久男）
4 ホイジンガ（樺山紘一）
5 ルフェーヴル（松浦義弘）
6 フェーヴル（長谷川輝夫）
7 グラネ（桐本東太）
8 ブロック（二宮宏之）
9 陳寅恪（尾形勇）
10 顧頡剛（小倉芳彦）
11 カントロヴィッチ（藤田朋久）
12 ギブ（湯川武）
13 ゴイテイン（湯川武）
14 ニーダム（草光俊雄）
15 コーサンビー（山崎利男）
16 フェアバンク（平野健一郎）
17 モミリアーノ（本村凌二）
18 ライシャワー（W.スティール）
19 陳夢家（松丸道雄）
20 フィンリー（桜井万里子）
21 イナルジク（永田雄三）
22 トムスン（近藤和彦）
23 グレーヴィチ（石井規衛）
24 ル・ロワ・ラデュリ（阿河雄二郎）
25 ヴェーラー（木村靖二）
26 イレート（池端雪浦）

戸上　一
46 **千　利　休**
ヒト・モノ・カネ
1998　＊210-6　四六上製　212頁　￥2000

高価な茶道具にまつわる美と醜の世界を視野に入れぬ従来の利休論にあきたらぬ筆者が，書き下ろした利休の実像。モノの美とそれにまつわるカネの醜に対決する筆者の気迫に注目

大濱徹也
47 **日本人と戦争**
歴史としての戦争体験
2002　220-7　四六上製　280頁　￥2400

幕末，尊皇攘夷以来，日本は10年ごとの戦争で大国への道をひた走った。やがて敗戦。大東亜戦争は正義か不正義かは鏡の表と裏にすぎないかもしれない。日本人の“戦争体験”が民族共有の記憶に到達するのはいつか？

K.B.ウルフ／林　邦夫訳
48 **コルドバの殉教者たち**
イスラム・スペインのキリスト教徒
1998　226-6　四六上製　214頁　￥2800

９世紀，イスラム時代のコルドバで，49人のキリスト教徒がイスラム教を批難して首をはねられた。かれらは極刑となって殉教者となることを企図したのである。三つの宗教の混在するスペインの不思議な事件である

U.ブレーカー／阪口修平・鈴木直志訳
49 **スイス傭兵ブレーカーの自伝**
2000　240-1　四六上製　263頁　￥2800

18世紀スイス傭兵の自伝。貧農に生まれ，20歳で騙されてプロイセン軍に売られ，軍隊生活の後，七年戦争中に逃亡。彼の生涯で最も劇的なこの時期の記述は，近代以前の軍隊生活を知る類例のない史料として注目

田中圭一
50 **日本の江戸時代**
舞台に上がった百姓たち
1999　＊233-5　四六上製　259頁　￥2400

日本の古い体質のシンボルである江戸時代封建論に真向から挑戦する江戸近代論。「検地は百姓の土地私有の確認である」ことを実証し，一揆は幕府の約束違反に対するムラの抗議だとして，日本史全体像の変革を迫る

平松幸三編　2001年度 沖縄タイムス出版文化賞受賞
51 **沖縄の反戦ばあちゃん**
松田カメ口述生活史
2001　242-8　四六上製　199頁　￥2000

沖縄に生まれ，内地で女工，結婚後サイパンへ出稼いで，戦争に巻込まれる。帰郷して米軍から返却された土地は騒音下。嘉手納基地爆音訴訟など反戦平和運動の先頭に立ったカメさんの原動力は理屈ではなく，生活体験だ

---

52 **（缺番）**

原田勝正
53 **日　本　鉄　道　史**
技術と人間
2001　275-4　四六上製　488頁　￥3300

幕末維新から現代まで，日本の鉄道130年の発展を，技術の進歩がもつ意味を社会との関わりの中に確かめながら，改めて見直したユニークな技術文化史

J.キーガン／井上堯裕訳
54 **戦争と人間の歴史**
人間はなぜ戦争をするのか？
2000　264-9　四六上製　205頁　￥2000

人間はなぜ戦争をするのか？　人間本性にその起源を探り，国家や個人と戦争の関わりを考え，現実を見つめながら「戦争はなくなる」と結論づける。原本は豊かな内容で知られるＢＢＣ放送の連続講演（1998年）

M.シェーファー／大津留厚監訳・永島とも子訳
55 **エリザベート—栄光と悲劇**
2000　265-7　四六上製　183頁　¥2000

ハプスブルク朝の皇后“シシー”の生涯を内面から描く。美貌で頭が良く，自信にあふれ，決断力を持ちながらも孤独に苦しんでいた。従来の映画や小説では得られない“変革の時代”に生きた高貴な人間像

地中海学会編
56 **地中海の暦と祭り**
2002　230-4　四六上製　285頁　¥2500

季節の巡行や人生・社会の成長・転変に対応する祭は暦や時間と深く連関する。その暦と祭を地中海世界の歴史と地域の広がりの中でとらえ，かつ現在の祭慣行や暦制度をも描いた，歴史から現代までの「地中海世界案内」

堀　敏一
57 **曹　操**
三国志の真の主人公
2001　＊283-0　四六上製　220頁　¥2800

諸葛孔明や劉備の活躍する『三国志演義』はおもしろいが，小説であって事実ではない。中国史の第一人者が慎重に選んだ“事実は小説よりも奇”で，人間曹操と三国時代が描かれる

P.ブラウン／宮島直機訳
58 **古代末期の世界**　［改訂新版］
ローマ帝国はなぜキリスト教化したか
2002　＊354-7　四六上製　233頁　¥2800

古代末期を中世への移行期とするのではなく独自の文化的世界と見なす画期的な書。鬼才P.ブラウンによる「この数十年の間で最も影響力をもつ歴史書！」（書評から）

宮脇淳子
59 **モンゴルの歴史**　［増補新版］
遊牧民の誕生からモンゴル国まで
2018　＊446-9　四六上製　320頁　¥2800

紀元前1000年に中央ユーラシア草原に遊牧騎馬民が誕生してから，現在21世紀のモンゴル系民族の最新情報までを1冊におさめた，世界初の通史。2017年には，モンゴルでも訳書完成

永井三明
60 **ヴェネツィアの歴史**
共和国の残照
2004　285-1　四六上製　270頁　¥2800

1797年「唐突に」姿を消した共和国。ヴェネツィアの1000年を越える歴史を草創期より説き起こす。貴族から貧困層まで，人々の心の襞までわけ入り描き出される日々の生活，etc. ヴェネツィア史の第一人者による書き下ろし

H.バイアス／内山秀夫・増田修代訳
61 **敵　国　日　本**
太平洋戦争時，アメリカは日本をどう見たか？
2001　286-X　四六上製　215頁　¥2000

パールハーバーからたった70日で執筆・出版され，アメリカで大ベストセラーとなったニューヨークタイムズ記者の日本論。天皇制・政治経済・軍隊から日本人の心理まで，アメリカは日本人以上に日本を知っていた……

伊東俊太郎　［比較文明学叢書 3］
62 **文明と自然**
対立から統合へ
2002　293-2　四六上製　256頁　¥2400

かつて西洋の近代科学は，文明が利用する対象として自然を破壊し，自然は利用すべき資源でしかなかった。いま「自から然る」自然が，生々発展して新しい地球文明が成る。自然と文明の統合の時代である

P.V.グロブ／荒川明久・牧野正憲訳
63 **甦る古代人**
デンマークの湿地埋葬
2002　298-3　四六上製　191頁　¥2500

デンマーク，北ドイツなど北欧の寒冷な湿地帯から出土した，生々しい古代人の遺体（約700例）をめぐる“謎”の解明。原著の写真全77点を収録した，北欧先史・古代史研究の基本図書

大濱徹也

64 **庶民のみた日清・日露戦争**

帝国への歩み

2003　316-5　四六上製　265頁　￥2200

明治維新以後10年ごとの戦争に明けくれた日本人の戦争観・時代観を根底に，著者は日本の現代を描こうとする。庶民の皮膚感覚に支えられた生々しい日本の現代史像に注目が集まる。『明治の墓標』改題

喜安　朗

65 **天皇の影をめぐるある少年の物語**

戦中戦後私史

2003　312-2　四六上製　251頁　￥2200

第二次大戦の前後を少年から青年へ成長した多くの日本人の誰もが見た敗戦から復興の光景を，今あらためて注視する少年の感性と歴史家の視線。変転する社会状況をくぐりぬけて今現われた日本論

スーザン・W.ハル／佐藤清隆・滝口晴生・菅原秀二訳

66 **女は男に従うもの？**

近世イギリス女性の日常生活

2003　315-7　四六上製　285頁　￥2800

16～17世紀，女性向けに出版されていた多くの結婚生活の手引書や宗教書など（著者は男性）を材料に，あらゆる面で制約の下に生きていた女性達の日常を描く（図版多数集録）

G.スピーニ／森田義之・松本典昭訳

67 **ミケランジェロと政治**

メディチに抵抗した《市民＝芸術家》

2003　318-1　四六上製　181頁　￥2500

フィレンツェの政治的激動期，この天才芸術家が否応なく権力交替劇に巻き込まれながらも，いかに生き抜いたか？　ルネサンス美術史研究における社会史的分析の先駆的議論。ミケランジェロとその時代の理解のために

金七紀男

68 **エンリケ航海王子**

大航海時代の先駆者とその時代

2004　322-X　四六上製　232頁　￥2500

初期大航海時代を導いたポルトガルの王子エンリケは，死後理想化されて「エンリケ伝説」が生れる。本書は，生身で等身大の王子とその時代を描く。付録に「エンリケ伝説の創出」「エンリケの肖像画をめぐる謎」の２論文も

H.バイアス／内山秀夫・増田修代訳

69 **昭和帝国の暗殺政治**

テロとクーデタの時代

2004　314-9　四六上製　341頁　￥2500

戦前，『ニューヨーク・タイムズ』の日本特派員による，日本のテロリズムとクーデタ論。記者の遭遇した5.15事件や2.26事件を，日本人独特の前近代的心象と見て，独自の日本論を展開する。『敵国日本』の姉妹篇

E.L.ミューラー／飯野正子監訳

70 **祖国のために死ぬ自由**

徴兵拒否の日系アメリカ人たち

2004　331-9　四六上製　343頁　￥3000

第二次大戦中，強制収容所に囚われた日系２世は，市民権と自由を奪われながら徴兵された。その中に，法廷で闘って自由を回復しアメリカ人として戦う道を選んだ人々がいた。60年も知られなかった日系人の闘いの記録

松浦高嶺・速水敏彦・高橋　秀

71 **学 生 反 乱**

—1969—　立教大学文学部

2005　335-1　四六上製　281頁　￥2800

1960年代末，世界中を巻きこんだ大学紛争。学生たちの要求に真摯に向合い，かつ果敢に闘った立教大学文学部の教師たち。35年後の今，闘いの歴史はいかに継承されているか？

神川正彦　［比較文明学叢書 5］

72 **比較文明文化への道**

日本文明の多元性

2005　343-2　四六上製　311頁　￥2800

日本文明は中国のみならずアイヌや琉球を含め，多くの文化的要素を吸収して成立している。その文化的要素を重視して“文明文化”を一語として日本を考える新しい視角

藤川隆男編

73 **白人とは何か？**

ホワイトネス・スタディーズ入門

2005 ＊346-2 四六上製 257頁 ￥2200

近年欧米で急速に拡大している「白人性研究」を日本で初めて本格的に紹介。差別の根源「白人」を人類学者が未開の民族を見るように研究の俎上に載せ，社会的・歴史的な存在である事を解明する多分野17人が協力

W. フライシャー／内山秀夫訳

74 **太平洋戦争にいたる道**

あるアメリカ人記者の見た日本

2006 349-1 四六上製 273頁 ￥2800

昭和初・中期の日本が世界の動乱に巻込まれていくさまを，アメリカ人記者の眼で冷静に見つめる。世界の動きを背景に，日本政府の情勢分析の幼稚とテロリズムを描いて，小社既刊『敵国日本』と対をなす必読日本論

白井洋子

75 **ベトナム戦争のアメリカ**

もう一つのアメリカ史

2006 352-1 四六上製 258頁 ￥2500

「インディアン虐殺」の延長線上にベトナム戦争を位置づけ，さらに，ベトナム戦没者記念碑「黒い壁」とそれを訪れる人々の姿の中にアメリカの歴史の新しい可能性を見る。「植民地時代の先住民研究」専門の著者だからこその視点

L. カッソン／新海邦治訳

76 **図書館の誕生**

古代オリエントからローマへ

2007 ＊356-1 四六上製 222頁 ￥2300

古代の図書館についての最初の包括的研究。紀元前3千年紀の古代オリエントの図書館の誕生から，図書館史の流れを根本的に変えた初期ビザンツ時代まで。碑文，遺跡の中の図書館の遺構，墓碑銘など多様な資料は語る

英国王立国際問題研究所／坂井達朗訳

77 **敗北しつつある大日本帝国**

日本敗戦７ヵ月前の英国王立研究所報告

2007 ＊361-5 四六上製 253頁 ￥2700

対日戦略の一環として準備された日本分析。極東の後進国日本が世界経済・政治の中に進出，ファシズムの波にのって戦争を遂行する様を冷静に判断。日本文化社会の理解は，戦中にも拘わらず的確で大英帝国の底力を見る

史学会編

78 **歴史の風**

2007 ＊369-1 四六上製 295頁 ￥2800

『史学雑誌』連載の歴史研究者によるエッセー「コラム 歴史の風」を１巻に編集。1996年の第１回「歴史学雑誌に未来から風が吹く」(樺山紘一) から昨2006年末の「日本の歴史学はどこに向かうのか」(三谷 博) まで11年間55篇を収載

青木 健→99巻『新ゾロアスター教史』

79 **ゾロアスター教史** ［絶版］

古代アーリア・中世ペルシア・現代インド

2008 ＊374-5 四六上製 308頁 ￥2800

本邦初の書下ろし。謎の多い古代アーリア人の宗教，サーサーン朝国教としての全盛期，ムスリム支配後のインドで復活，現代まで。世界諸宗教への影響，ペルシア語文献の解読，ソグドや中国の最新研究成果が注目される

城戸 毅

80 **百 年 戦 争**

中世末期の英仏関係

2010 ＊379-0 四六上製 373頁 ￥3000

今まで我が国にまとまった研究もなく，欧米における理解からずれていたこのテーマ。英仏関係及びフランスの領邦君主諸侯間の関係を通して，戦争の前史から結末までを描いた，本邦初の本格的百年戦争の全体像

R. オズボン／佐藤 昇訳

81 **ギリシアの古代**

歴史はどのように創られるか？

2011 ＊396-7 四六上製 261頁 ￥2800

最新の研究成果から古代ギリシア史研究の重要トピックに新しい光を当て，歴史学的な思考の方法，「歴史の創り方」を入門的に，そして刺戟的に紹介する。まずは「おなじみ」のスポーツ競技，円盤投げの一場面への疑問から始める

藤川隆男
82 **人種差別の世界史**
白人性とは何か？
2011 ＊398-1 四六上製 274頁 ￥2300
差別と平等が同居する近代世界の特徴を，身近な問題（ファッション他）を取り上げながら，前近代との比較を通じて検討。人種主義と啓蒙主義の問題，白人性とジェンダーや階級の問題などを，世界史的な枠組で解明かす

Ch. ビュヒ／片山淳子訳
83 **もう一つのスイス史**
独語圏・仏語圏の間の深い溝
2012 ＊395-0 四六上製 246頁 ￥2500
スイスは，なぜそしていかに，多民族国家・多言語国家・多文化国家になったのか，そのため生じた問題にいかに対処してきたか等々。独仏両言語圏の間の隔たりから語る，今までに無い「いわば言語から覗くスイスの歴史」

坂井榮八郎
84 **ドイツの歴史百話**
2012 ＊407-0 四六上製 330頁 ￥3000
「ドイツ史の語り部」を自任する著者が，半世紀を超える歴史家人生で出会った人，出会った事，出会った本，そして様ざまな歴史のエピソードなどを，百のエッセイに紡いで時代順に語ったユニークなドイツ史

田中圭一
85 **良寛の実像**
歴史家からのメッセージ
2013 ＊411-7 四六上製 239頁 ￥2400
捏造された「家譜」・「自筆過去帳」や無責任な小説や教訓の類いが，いかに良寛像を過らせたか！　良寛を愛し，良寛の眞実を求め，人間良寛の苦悩を追って，その実像に到達した，唯一，歴史としての良寛伝が本書である

A. ジョティシュキー／森田安一訳
86 **十字軍の歴史**
2013 ＊388-2 四六上製 480頁 ￥3800
カトリック対ギリシア東方正教対イスラームの抗争という，従来の東方十字軍の視点だけではなく，レコンキスタ・アルビショワ十字軍・ヴェンデ十字軍なども叙述，中世社会を壮大な絵巻として描いた十字軍の全体史

W. ベーリンガー／長谷川直子訳
87 **魔女と魔女狩り**
2014 ＊413-1 四六上製 480頁 ￥3500
ヨーロッパ魔女狩りの時代の総合的な概説から，現代の魔女狩りに関する最新の情報まで，初めての魔女の世界史。魔女狩りの歴史の考察から現代世界を照射する問題提起が鋭い。110頁を超える索引・文献・年表も好評

J.＝C. シュミット／小池寿子訳
88 **中世の聖なるイメージと身体**
キリスト教における信仰と実践
2015 ＊380-6 四六上製 430頁 ￥3800
中世キリスト教文明の中心テーマ！　目に見えない「神性」にどのように「身体」が与えられたか，豊富な具体例で解き明かす。民衆の心性を見つめて歴史人類学という新しい地平を開拓したシュミットの，更なる到達点

W. D. エアハート／白井洋子訳
89 **ある反戦ベトナム帰還兵の回想**
2015 ＊420-9 四六上製 480頁 ￥3500
詩人で元米国海兵隊員の著者が，ベトナム戦争の従軍体験と，帰還後に反戦平和を訴える闘士となるまでを綴った自伝的回想の記録三部作第二作目 *Passing Time* の全訳。「小説ではないがそのようにも読める」(著者まえがき)

岩崎 賢
90 **アステカ王国の生贄の祭祀**
血・花・笑・戦
2015 ＊423-0 四六上製 202頁 ￥2200
古代メキシコに偉大な文明を打ち立てたアステカ人の宗教的伝統の中心＝生贄の祭りのリアリティに，古代語文献，考古学・人類学史料及び厳選した図像史料を駆使して肉迫する。本邦ではほとんど他に例のない大胆な挑戦

藤川隆男

91 **妖獣バニヤップの歴史**

オーストラリア先住民と白人侵略者のあいだで

2016 ＊431-5 四六上製 300頁＋カラー口絵８頁 ¥2300

バニヤップはオーストラリア先住民に伝わる水陸両生の幻の生き物。イギリスの侵略が進むなか，白人入植者の民話としても取り入れられ，著名な童話のキャラクターとなる。この動物の記録を通して語るオーストラリア史

ジョー・グルディ＆D.アーミテイジ／平田雅博・細川道久訳

92 **これが歴史だ！**

21世紀の歴史学宣言

2017 ＊429-2 四六上製 250頁 ¥2500

気候変動を始め現代の難問を長期的に捉えるのが歴史家本来の仕事。短期の視点が台頭する今，長期の視点の重要性の再認識を主張。歴史学研究の流れから，膨大な史料データ対応の最新デジタル歴史学の成果までを本書に

杉山博久

93 **直良信夫の世界**

20世紀最後の博物学者

2016 ＊430-8 四六上製 300頁 ¥2500

考古学，古人類学，古生物学，現生動物学，先史地理学，古代農業……。最後の博物学者と評されたその研究領域を可能な限り辿り，没後30年に顕彰。「明石原人」に関わる諸見解も紹介し，今後の再評価が期待される

永田陽一

94 **日系人戦時収容所のベースボール**

ハーブ栗間の輝いた日々

2018 ＊439-1 四六上製 210頁 ¥2000

「やる者も見る者もベースボールが本気だった」カリフォルニアから強制立ち退きでアメリカ南部の収容所に送られた若者たち。屈辱の鉄条網のなかで生き延びるための野球に熱中，数千の観衆を前に強豪チームを迎え撃つ

三佐川亮宏

95 **紀元千年の皇帝**

オットー三世とその時代

2018 ＊437-7 四六上製 430頁＋カラー口絵２頁 ¥3700

その並外れた教養と知性の故に，「世界の奇跡」と呼ばれた若き皇帝。彼の孤高にして大胆な冒険に満ちた儚い生涯と，「紀元千年」の終末論の高揚する中世ローマ帝国の世界に，今日のヨーロッパ統合の原点を探る旅

山﨑耕一

96 **フランス革命**

「共和国」の誕生

2018 ＊443-8 四六上製 370頁 ¥3000

「革命前夜のフランスの状況」から説かれる本書。１冊で，「革命」とは何か，複雑なフランス革命の諸々の動きと人々の生き方，共和国の成立からナポレオンの登場，帝政の開始までの，すべてを理解できる革命史が完成

ヒュー・ボーデン／佐藤昇訳

97 **アレクサンドロス大王**

2019 ＊442-1 四六上製 234頁 ¥2300

歴史の中に浮び上る真の姿。「西アジアで発見の重要文書から，アレクサンドロスは基本的に「西洋的な人物」であると考えなくなる」と，著者。最新の研究成果を踏まえ旧来のアレクサンドロス像に異議を唱えた入門書

トーマス･W. アルフォード／中田佳昭・村田信行訳

98 **インディアンの「文明化」**

ショーニー族の物語

2018 ＊438-4 四六上製 300頁 ¥3000

小さな部族のエリートが「白人的価値」と「インディアンの価値」の中で苦悩し翻弄されながら，両者の懸け橋を目指して懸命に生きた姿。アメリカ白人社会への強制的同化を受け入れ生き残る ⇒ 現代社会への問いかけ？

青木 健

99 **新ゾロアスター教史**

古代中央アジアのアーリア人・中世ペルシアの神聖帝国・現代インドの神官財閥

2019 ＊450-6 四六上製 370頁 ¥3000

10年前の本邦初の書下ろし(本全書79巻)が既に品切れて，全面改稿！ 最新の研究成果と巻末に詳細な日本におけるゾロアスター教研究の現状を記録。旧版の良さを生かしながら，本来の諸言語の音を取り入れる